*Uma latente filosofia
do tempo*

REINHART KOSELLECK

Uma latente filosofia do tempo

Organização

Hans Ulrich Gumbrecht
Thamara de Oliveira Rodrigues

Tradução

Luiz Costa Lima

editora
unesp

Direitos de publicação reservados à:

Fundação Editora da Unesp (FEU)
Praça da Sé, 108
01001-900 – São Paulo – SP
Tel.: (0xx11) 3242-7171
Fax: (0xx11) 3242-7172
www.editoraunesp.com.br
www.livrariaunesp.com.br
atendimento.editora@unesp.br

Dados Internacionais de Catalogação na Publicação (CIP) de acordo com ISBD
Elaborado por Vagner Rodolfo da Silva – CRB-8/9410

K861

Koselleck, Reinhart
    Uma latente filosofia do tempo / Reinhart Koselleck; organiza-
do por Hans Ulrich Gumbrecht e Thamara de Oliveira Rodrigues;
traduzido por Luiz Costa Lima. – São Paulo: Editora Unesp, 2021.

    Inclui bibliografia.
    ISBN: 978-65-5711-052-2

    1. História. 2. Teoria da história. 3. Tempo. I. Gumbrecht,
Hans Ulrich II. Rodrigues, Thamara de Oliveira. III. Lima, Luiz
Costa. IV. Título.

2021-2275   CDD 901
                                                  CDU 930.1

Editora afiliada:

Asociación de Editoriales Universitarias
de América Latina y el Caribe

Associação Brasileira de
Editoras Universitárias

Sumário

Reinhart Koselleck:
Uma latente filosofia do tempo

Thamara de Oliveira Rodrigues

Reinhart Koselleck dedicou-se ao longo de sua vida profissional à análise da configuração do tempo que deu forma à modernidade. O historiador alemão identificou que em meados do século XVIII e, sobretudo, durante o século XIX, abriu-se uma fissura que se adensava rapidamente entre o passado e o futuro no mundo ocidental. Os eventos que emergiam no interior dessa conjuntura não podiam ser situados e explicados no repertório da linguagem já sedimentada. Os acontecimentos se distinguiam fundamentalmente dos anteriores, recolocavam determinados entes e se tornavam *novos*. A modernidade desvelava-se como uma temporalidade na qual as experiências e as expectativas se transformavam mais rapidamente do que até então havia sido possível imaginar. Desse processo emergiu o fenômeno que compreendemos por "história". Essa tese atravessa o trabalho do autor. Ela, contudo, mais do que uma caracterização da modernidade, abriga uma latente filosofia do tempo.

A originalidade das reflexões de Koselleck lhe conferem destaque entre os historiadores mais importantes do século XX.

Seu trabalho sobre a emergência do caráter histórico do mundo, ao lado de *As palavras e as coisas*, de Michel Foucault, por exemplo, ganha contornos imprescindíveis. A menção a Foucault nesta introdução sobre Koselleck tem o objetivo de sublinhar a importância de seus diagnósticos sobre a modernidade e a convergência de algumas compreensões. A análise da *historicização profunda que invadiu o íntimo das coisas*, conferindo a elas um caráter histórico em virtude do qual tudo estaria submetido à transformação, fez com que certa linguagem perdesse seu espaço privilegiado na manutenção da organicidade do mundo. A verdade desvinculou-se disso que seriam as coisas, ao menos de forma mais natural ou imediata. Ela abrigou-se na passagem do tempo e caberia ao homem percorrê-la. Essa busca se tornou exaustiva e dela emergiram diversas formas de organização social e novas ambições que disputavam espaço. Os caminhos pareciam infinitos em função da multiplicidade dos pontos de vista. A esse processo, Foucault nomeou "crise da representação" e Koselleck chamou "crise das perspectivas" ou "temporalização das perspectivas".[1]

Essas aberturas, contudo, competiam a partir de uma herança judaico-cristã que se secularizou: a crença de que a passagem do tempo era determinada por princípios previamente dados e desembocaria em realidades perfeitas. Trata-se do progresso como sistematização temporal. Essa lógica, que por muito tempo se confundiu com a própria noção de história, se enrai-

---

1 Foucault, *As palavras e as coisas: uma arqueologia das ciências humanas*; Koselleck, "Ponto de vista, perspectiva e temporalidade: contribuição à apreensão historiográfica da história", em *Futuro passado: contribuição à semântica dos tempos históricos*, p.161-88.

zou na maior parte dos modos de organização do homem moderno. Desse gesto eclodiu o próprio desgaste da modernidade: as expectativas em um progresso universal levaram ao obscurecimento das diferenças e aos totalitarismos do século XX.

A *Arqueologia* de Foucault e a *Historik* de Koselleck buscaram identificar e descrever, a partir de suas especificidades, os elementos fundamentais que permitiram o aparecimento de ideias, teorias, políticas e toda e qualquer organização da vida social que surgiu com o homem moderno. Nesses diagnósticos também está presente um movimento crítico no que diz respeito a essas heranças, especialmente àquelas enraizadas na construção do conhecimento ou naquilo que se convencionou chamar de cientificidade. A potência de seus diagnósticos reside no fato de terem destacado a descoberta mais fundamental da modernidade: as coisas estariam submetidas ao tempo, suscetíveis à transformação. Mas, simultaneamente, apresentaram os limites de tal descoberta: a crença em uma forma de ciência e de organização política redentora e universal pautada pelo progresso. Eles trabalharam para desmistificar o caráter linear e, consequentemente, autoritário dessa reação à mudança temporal que hoje parece (ou deveria) soar óbvio.

Nesse sentido, os autores se dedicaram a certo rompimento com a episteme tradicional, produzindo trabalhos atentos à multiplicidade de significados acumulados também no espaço. Eles contestaram a crença nos supostos sentidos próprios à realidade projetados no/através do tempo. Nesse empenho crítico baseiam-se as "heterotopias" de Foucault e os "estratos do tempo" de Koselleck. Ambos desvelaram o caráter datado ou histórico de uma antropologia filosófica que reduziu o homem e a história a uma racionalidade cartesiana e processual.

Foucault registrou em *As palavras e as coisas* o caráter passageiro do homem moderno – ele "se desvaneceria, como, na orla do mar, um rosto de areia"; uma "invenção recente", cujo fim estaria próximo.[2] Koselleck ressaltou algo semelhante. O tipo homem moderno, que se organizou socialmente pela crença na razão e no progresso, se tornou possível em um tempo-espaço particular: "a assimetria entre experiência e expectativa, era um produto específico daquela época [modernidade] de brusca transformação em que essa assimetria foi interpretada como progresso".[3]

Apesar de ressaltarem o caráter efêmero da própria modernidade, nem Foucault, nem Koselleck se perguntaram objetivamente ou desenvolveram estudos específicos sobre a temporalidade que se seguiu à crise do historicismo e que tomou forma a partir dos colapsos autoritários e belicosos do século XX. Em Koselleck, esse esforço é curiosamente mais ambíguo. Ele sublinhou o caráter datado do progresso, contudo, quando perguntado sobre qual seria a forma do tempo que se seguiu ou se seguiria à modernidade, ele pareceu não compreender a pergunta ou se esquivava dela.[4]

---

2 Foucault, op. cit., p.536.

3 Koselleck, "'Espaço de experiência' e 'horizonte de expectativas': duas categorias históricas", em *Futuro passado*, op. cit., p.327.

4 Em entrevista concedida a Javier Fernández Sebastián e Juan Francisco Fuentes, quando perguntado sobre a hipótese de François Hartog sobre "presentismo" e "memorialismo", categorias dedicadas à reflexão da temporalidade contemporânea, na qual o passado e o futuro aproximam-se drasticamente do presente, Koselleck respondeu: "Em geral, concordo com a posição semi-irônica de Hartog. A onda de memorialismo é paradoxalmente produzida por uma certa

O curioso é que todo seu trabalho alerta para essa transformação, oferecendo categorias para analisá-la. Suas reflexões abordam de forma singular o tempo como uma dimensão da existência. Nelas, destaca-se a compreensão de Edmund Husserl sobre o tempo como a estrutura básica da consciência humana articulada por meio das noções de *retenção* e *proteção* sem as quais não seria possível apreender nenhuma experiência. Também dialoga com as concepções de finitude e de historicidade próprias à noção de *Dasein* em Martin Heidegger.

Mas sua reflexão filosófica sobre a temporalidade, aqui adjetivada como *latente*, é, por vezes, negligenciada quando se compara à ênfase dada à recepção de Koselleck em sua relação com a história dos conceitos, com a história do iluminismo e com a defesa de protocolos científicos específicos para a disciplina História.[5] Por essa razão, buscamos destacar Reinhart Koselleck não

---

atitude em relação à história. É uma tendência que pode ser esquecida em 20 anos, espero. Porém eu não vou sobreviver". Tradução livre. No original: "In general, I agree with Hartog's semi-ironic position. The wave of memorialism is paradoxically produced by a certain attitude towards history. It's a trend that might be forgotten in 20 years, hopefully. However I will not outlive it" (p.116-7). Cf. "Conceptual History, Memory, and Identity: An Interview with Reinhart Koselleck", em *Contributions to the History of Concepts*, v.2, n.1, p.99-127, mar. 2006.

5 A relação de Koselleck com a história dos conceitos relaciona-se às disputas teórico-epistemológicas e políticas próprias ao campo da História Social na Alemanha. Sobre o tema, consultar: Gumbrecht, "Pirâmides do espírito: sobre a rápida ascensão, as dimensões invisíveis e o súbito esmorecimento do movimento da história dos conceitos", em *Graciosidade e estagnação: ensaios escolhidos*, p.15-59; e Olsen, *History in the Plural: An Introduction to the Work of Reinhart Ko-*

apenas como um dos mais importantes historiadores e teóricos da história do século XX, mas também como um filósofo do tempo, cujas abordagens são centrais aos desafios mais amplos enfrentados pelas Humanidades e pelo mundo contemporâneo.

Heidelberg e a desnazificação

Koselleck entrou para a Universidade de Heidelberg no verão de 1947.[6] Era um momento de reestruturação da vida acadêmica na Alemanha devido aos processos de desnazificação coordenados pelas ocupações americana, soviética, britânica e francesa iniciadas após a rendição alemã em 1945, as quais buscavam banir, por exemplo, das universidades os apoiadores do nacional-socialismo. Heidelberg foi fechada pela ocupação americana em abril de 1945 em razão de parte significativa de seus professores terem tido algum envolvimento com o nacional-socialismo. Após a desnazificação, ela foi reaberta em janeiro de 1946 e se tornou uma das mais importantes universidades nos debates do pós-guerra. Nesse contexto, Heidelberg reuniu intelectuais de perfis diversos e que foram decisivos na consti-

---

selleck, especialmente os capítulos 3 e 4. Stefan-Ludwig Hoffmann também chamou atenção para o fato de os estudos da *Historik* de Koselleck terem sido negligenciados quando se compara à atenção dada aos trabalhos da História dos Conceitos: Hoffmann, "Koselleck, Arendt, and the Anthropology of Historical Experience", em *History and Theory*, v.49, p.212-36, maio 2010.

6 As informações biográficas e a formação intelectual de Koselleck mencionadas nesta introdução tomam como base especialmente a obra de Niklas Olsen.

tuição dos interesses intelectuais e profissionais de Koselleck, como Johannes Kühn, considerado um dos fundadores da história dos conceitos, Karl Löwith e Hans-Georg Gadamer. Carl Schmitt e Heidegger, embora banidos oficialmente da docência, também tiveram grande impacto em sua formação.[7] Após cursar os seminários de Alfred Weber, Koselleck se aproximou de Schmitt, e este veio a se tornar uma espécie de mentor informal.[8] Quanto a Heidegger, sua principal obra, *Ser e tempo*, era tida em Heidelberg como uma espécie de "livro de iniciação" profundamente estudado nos seminários e grupos de fenomenologia de Gadamer e Franz-Josef Brecht, aos quais Heidegger chegou a comparecer.[9]

A atmosfera do pós-guerra provocou a constituição de uma geração de "intelectuais céticos" formada por jovens que cresceram em meio à guerra, como Koselleck, e que procuravam explicar em suas pesquisas a ascensão do nazismo.[10] Embora cética, não se trata de uma geração com um perfil homogêneo. Como revelam os estudos de Niklas Olsen, Koselleck estaria mais próximo dos liberais conservadores que repercutiriam certo pessimismo. Esse conservadorismo liberal não se aproximava da defesa de posturas antidemocráticas, mas era crítico aos projetos políticos associados à "utopia" – aqueles que acreditavam em algum tipo de redenção do passado recente alemão. Essa atmosfera também repercute uma crise entre duas gerações – os jovens entre 15 e 30 anos de idade, que responsa-

---

7 Olsen, op. cit. Consultar, especialmente, o cap.I.

8 Idem, p.25.

9 Idem, p.28.

10 Idem, p.14.

bilizavam seus irmãos mais velhos e seus pais pelo que ocorrera no país entre 1933 e 1945, e os mais velhos, que argumentavam que os mais jovens deveriam ter protegido o país da experiência nazista. Essa discussão remete à ausência de um sentimento de responsabilidade, o qual a geração seguinte tomaria para si.[11]

Crítica e crise:
a arrogância das filosofias da história

A tese de doutorado de Koselleck defendida na Universidade de Heidelberg buscou investigar, inicialmente, a origem da utopia moderna através das críticas de Kant. O projeto, porém, ampliou-se para uma análise do nascimento do pensamento iluminista em geral, associando-o ao que seriam as precondições próprias à constituição do nacional-socialismo e do totalitarismo moderno. *Crítica e crise: uma contribuição à patogênese do mundo burguês* procurou defender que as experiências autoritárias do século XX não diziam respeito a um fenômeno isolado, mas que teriam se desdobrado das filosofias da história modernas. Elas, juntamente com a ascensão da burguesia, teriam inaugurado uma percepção de mundo que negava o absolutismo por meio de uma perspectiva utópica (direcionamento para o futuro de forma abstrata, idealista e moralizante) que obscureceu a crise que a própria crítica iluminista havia aberto.

Koselleck submeteu a sua tese à avaliação em outubro de 1953. Sem muitas expectativas em torno de uma carreira na

---

11 Gumbrecht, *Depois de 1945: latência como origem do presente*, p.23.

Alemanha naquele momento, foi para a Inglaterra, onde trabalhou em uma cadeira de leitor na Universidade de Bristol. No ano seguinte, *Crítica e crise* foi defendida. Por razões financeiras, a primeira publicação apareceu apenas em 1959, e por uma pequena editora. O trabalho, contudo, está entre os livros mais importantes da segunda metade do século XX, tendo sido traduzido para diversos idiomas.

Destaca-se, entre as contribuições mais significativas da tese, a identificação de uma racionalidade política específica como reação à emergência de uma nova temporalidade. O primeiro capítulo – "A estrutura política do absolutismo como pressuposto do Iluminismo" – descreveu, junto à leitura de Hobbes, o processo de nascimento do Estado absolutista e a consolidação da doutrina da "Razão de Estado" como respostas às guerras civis religiosas que se desdobraram da Reforma e da Contrarreforma. Nesse processo, ocorreu a "exclusão" da moral das repercussões políticas, tendo em vista que os vassalos transferiram a atividade e a responsabilidade política para o soberano, que necessitava do acúmulo de poder para controlar as guerras civis e garantir a existência do Estado e a segurança dos súditos. Trata-se do início do processo de secularização, no qual o Estado passou a assumir o poder central de organização da vida social, colocando "em segundo plano" o papel da religião.

Os indivíduos, isentos da responsabilidade política, foram reduzidos ao espaço privado, onde surgiu uma moralidade particular que operava em um sistema de segredo, já que o Estado não poderia ser publicamente criticado. Ela permitiu que cada um se tornasse "juiz" autorizado a processar e avaliar moralmente o que seria bom ou mau. Nascia o "reino da crítica" sob o qual se estruturava o mundo iluminista. O tema foi explorado a partir de John Locke no segundo capítulo – "A compreensão que os iluministas tinham de si mesmos e a resposta à sua situação dentro do Estado absolutista".

Na medida em que o Estado alcançou o controle das guerras civis, o motivo de sua origem e de sua centralidade enquanto força básica à organização da vida político-social começou a perder o seu valor. O "reino da crítica", outrora ocultado no plano privado, potencializou-se em busca da quebra da hierarquia entre súditos e soberano. O poder real passou a ser considerado abusivo – não deveria haver mais súditos ou reis, mas cidadãos. A separação entre moral e política, realizada antes pelo próprio Estado, se voltou contra ele e a crítica questionou os elementos estruturantes de sua "razão" como a corrupção, a violência, o poder e os estamentos. Após a emergência do "reino da crítica", o Estado já não poderia existir como havia se constituído até então, a despeito e livre de críticas.

Contudo, do mesmo modo que o Estado absolutista submeteu tudo à sua razão, o "reino da crítica" teria percorrido um caminho similar, isto é, autoritário. O terceiro capítulo – "Crise e filosofia da história" – tematizou como a burguesia, por meio das filosofias da história, adquiriu uma consciência de si original: se via como educadora e representante de uma nova sociedade que negava o Estado e a política construída até então. Ela prometia o fim da violência e da dominação em nome da liberdade e da igualização. A burguesia, ao negar as instâncias sob a qual a vida era organizada, deixava a história em aberto. Surgiam outros caminhos possíveis para a humanidade a serem disputados: a construção de um Estado liberal, a construção de um Estado socialista, a construção de um mundo sem Estado... Várias possibilidades apareciam e pleiteavam espaço através das filosofias da história – o mundo perdia um sentido geral básico capaz de organizar a vida social, o Estado absolutista.

A abertura para novas possibilidades distantes do absolutismo não era em si o problema. A burguesia assegurada pelas filosofias da história produziu um mundo voltado para a esfera pública, mas os desafios que surgiam eram encobertos por expectativas utópicas no sentido que explicitamos anteriormente. Projetava-se um futuro sem hierarquias. O "reino da crítica", contudo, adiava para o futuro essa conquista, postergando as responsabilidades políticas dos indivíduos. A crítica burguesa, após a negação da ordem estamental, constituiu uma sociedade que cogitava um modo de vida a partir do qual a violência e o poder eram em si um mal. Quando o absolutismo fosse erradicado, acreditava-se que os reis, o poder e a violência desapareceriam instantaneamente. Entretanto, a construção dessa sociedade em termos práticos deu-se a partir de mecanismos de regulação da ordem previamente existentes que eram em sua natureza autoritários: a queima de livros, a criminalização dos inimigos, a censura... O caráter violento do absolutismo permaneceu presentificado nas filosofias da história e na sociedade burguesa obscurecido por elas em nome de uma expectativa utópica no que diz respeito ao fim da brutalidade. Nesse aspecto, a análise de Koselleck buscava evidenciar os limites próprios à noção de "espaço público". Esse espaço performático e agnóstico no qual parte das diferenças seriam expressas e disputadas não se realizou senão nas expectativas dos iluministas. Koselleck atribuía a patogênese do mundo burguês às utopias modernas que em nome da razão, de um juízo moral universal a ser alcançado pela posteridade, abrigou o germe dos autoritarismos do século XX.[12]

A história na modernidade: em si e para si

Crítica e crise abrigou uma preocupação perseguida por Koselleck durante sua vida intelectual: a transformação sofrida na experiência e na compreensão da h(H)istória a partir de meados do século XVIII. Anteriormente, a história dizia respeito às vivências acumuladas (e mesmo regionais) e que iam sendo narradas à medida que podiam ser utilizadas na vida prática como um âmbito seguro por meio do qual determinados homens poderiam se orientar. Sintetizada no *topos* ciceronia-

---

12 Jürgen Habermas esteve entre os intelectuais que mais fortemente reagiriam a *Crítica e crise*, tendo no começo dos anos 1960 considerado a tese de Koselleck pessimista e conservadora, aproximando-o, assim, demasiadamente de Carl Schmitt. Ambos os autores tinham o Iluminismo e a esfera pública como objeto de análise. Contudo, onde Koselleck situou a gênese do autoritarismo e via os conceitos como "racionalidade", "moralidade" e "igualdade" revestidos de certa "hipocrisia"; Habermas, ao contrário, identificava o começo da experiência democrática moderna e acusava Koselleck de negligenciar a complexidade do Iluminismo, críticas que posteriormente viria a amenizar. Cf. Olsen, op. cit., p.81-5.
Koselleck reavaliaria também sua crítica ao Iluminismo. Não se tratou de uma relativização dela, mas de uma disputa que abordaria o Iluminismo alemão a partir da noção de *Bildung*, compreendendo o Iluminismo para além de um fenômeno burguês. Cf. Koselleck, "Sobre la estructura antropológica y semántica de Bildung", em *Historia de conceptos: estudios sobre semántica y pragmática del linguaje político y social*.

no – *Historia Magistra Vitae* – a História (*Historie*) era um espaço destinado a ensinar a prudência por meio de um repertório de exemplos que se acreditava possível repetir.[13]

Essa dimensão majoritariamente prática da História, entretanto, enfraqueceu-se com o aparecimento de eventos inéditos como a Revolução Francesa. A História enquanto fonte de exemplaridade cedia espaço à história enquanto um percurso autônomo e necessário. Em alemão, a mudança pode ser mais claramente identificada na substituição do termo *Historie* por *Geschichte* (a história como acontecimento e autonarração). Trata-se de um fenômeno no qual o antigo espaço da ação e do sofrimento humano capaz de orientar os homens é reorganizado por metanarrativas e pelas expectativas de novos destinos atrelados à história.

Koselleck, retornando criticamente a Hegel, denominou esse fenômeno como a emergência da "história em si e para si". Há duas consequências complementares que se desdobram desse fenômeno. A primeira é que a história moderna passou a operar como um "singular coletivo". A crença de que ela atuaria em função de sentidos previamente dados submeteu as experiências particulares ao seguinte ultimato: todo e qualquer acontecimento integraria um *télos* que cooptava e neutralizava a diferença em nome de uma expectativa universal. A segunda consequência é que a "história em si e para si" teria absorvido também a história enquanto narrativa e fonte de informação para a vida prática (*Historie*). Isto resultou em uma fusão da experiência e da interpretação na qual os acontecimentos

---

13 Koselleck, "*Historia magistra vitae*: sobre a dissolução do *topos* na história moderna em movimento", em *Futuro passado*, op. cit., p.41-60.

tornavam-se dependentes da elaboração de um sentido dado historicamente.

A experiência moderna da história edificava-se, desse modo, com base em uma ambivalência: ela era compreendida como um *sujeito* autônomo que poderia atuar livremente sobre os homens determinando os seus destinos e, ao mesmo tempo, um *objeto* cuja atividade de interpretação, a descoberta desse destino, caberia ao homem por meio das filosofias da história e, posteriormente, dos historicismos. Os exercícios de narrativização e historicização próprios à elaboração crítica da história compuseram a base do que veio a se sistematizar como a disciplina História e do que se convencionou chamar de "ciências humanas" em geral. O conhecimento, especialmente o histórico e o filosófico, dedicava-se, então, a uma sistematização de interpretações teleológicas que tornavam os eventos uma necessidade, obscurecendo sua pluralidade e contingência. Essa composição legou às humanidades paradigmas epistemológicos vulneráveis a estruturas metafísicas, que atribuíam a responsabilidade pelos desarranjos sociais à providência. Esses paradigmas e suas heranças constituem aquilo que o trabalho de Koselleck procurou combater.[14]

---

14 Como revelam os estudos de Olsen, Koselleck buscava uma abordagem para a escrita da História que se afastasse do historicismo de Friedrich Meinecke, baseado, segundo o próprio Koselleck, em noções ingênuas de sentido, unidade e progresso. Isso significava certa distância em relação à própria disciplina História alemã naquele contexto e a razão pela qual muitas vezes considerava-se *outsider* no campo. Koselleck defendia uma abordagem que enfatizasse crises e rupturas, o lugar de fala do próprio historiador e as perspectivas políticas e existenciais (além das exclusivamente científicas). Na primeira versão de

Koselleck aluno de Löwith

As críticas de Koselleck às filosofias da história sofreram influência decisiva do trabalho de Karl Löwith, tendo sido este o segundo avaliador de *Crítica e crise*. Löwith foi aluno de Husserl em Freiburg, onde também conheceu Heidegger e, posteriormente, tornou-se seu aluno na Universidade de Marburg. Em 1934, no começo de sua carreira acadêmica, foi forçado a abandonar a Alemanha em razão das políticas antissemitas. Nesse período, viveu e lecionou na Itália, no Japão e nos Estados Unidos até retornar à Alemanha em 1952, contando com a ajuda de Gadamer, quando assumiu uma cadeira de Filosofia em Heidelberg.

O sentido da história,[15] um dos principais livros de Löwith, teve grande impacto na formação de Koselleck e é fácil identificá-lo no que tange, especialmente, à preocupação de ambos com o nascimento das filosofias da história modernas como resultado da secularização da escatologia judaico-cristã. Koselleck relatou que o tempo em que trabalhou na tradução dos últimos três capítulos do livro para o alemão foi um dos mais intensos

---

sua tese havia uma nota com essas observações críticas a Meinecke, posteriormente eliminada. Essas críticas a um dos nomes principais da disciplina na Alemanha, caso publicadas, segundo Olsen, poderiam soar desrespeitosas, dificultando a carreira de Koselleck. Além do mais, havia também o fato de a Teoria da História e a História Social estarem em polos opostos naquela conjuntura. A tentativa de Koselleck de "renovar" o campo estando mais próximo da Teoria da História e da Filosofia o faria ser visto com certa desconfiança. Cf. Olsen, op. cit., p.77-80.

15 Löwith, *Meaning in History.*

aprendizados de sua vida, levando-o a investigar a secularização junto à emergência de uma configuração temporal inédita.[16] O aluno de Löwith insistiu que a secularização era apenas um dos aspectos de um processo de temporalização.

Löwith argumentou que as filosofias da história remetiam à intepretação sistemática da história como um fenômeno universal. Um princípio – o progresso – reuniria os acontecimentos e os conduziria à realização da perfeição e da salvação humanas. Essa crença adiava o enfrentamento das frustrações mediante a expetativa da perfeição como destino. Trata-se do mundo moderno apresentado como resultado da secularização dos princípios teológicos (herança judaico-cristã) aplicados aos acontecimentos históricos (herança grega).

A presença da herança judaico-cristã na concepção da história moderna vetou a experimentação da frustração em função do permanente adiamento da escatologia (tema em relação ao qual Koselleck deu continuidade em *Crítica e crise*). Em um contexto intelectual que buscava explicações para a emergência dos totalitarismos e a negação das interpretações progressistas, Löwith apresentou uma noção de história como uma estrutura marcada pela ausência de solução do sofrimento e da dor: a história como "experiência de invariável fracasso". Há nessa compreensão uma nostalgia pela ideia do cosmos mais próxima ao mundo antigo. Os gregos seriam mais moderados em suas especulações sobre o destino humano, não ambicionaram identificar um ultimato da história e teriam se relacionado melhor com os ritmos e oscilações temporais. Koselleck, sem

---

16 Olsen, op. cit., p.23.

repercutir a nostalgia de seu professor, continuava seu gesto crítico em relação ao entusiasmo utópico moderno. Mas insistia em uma diferenciação: o processo de secularização, embora central à modernidade, desdobrava-se de um fenômeno mais radical – a crise de certa temporalidade que tomou forma por meio de uma "aceleração temporal".

A aceleração: uma das formas do tempo

No mundo cristão, a expectativa de uma abreviação do tempo era uma condição própria a Deus não disponível ao homem.[17] Deus, como criador do tempo, poderia acelerá-lo, encurtando o sofrimento através do dia do Juízo. Contudo, o acúmulo de frustrações no que diz respeito às profecias sobre o retorno de Cristo, bem como o aparecimento de acontecimentos interpretados como resultado das atividades humanas demarcaram uma ruptura e um deslocamento radical nessa concepção temporal – o seu cálculo havia se distanciado do poder divino. Uma fissura entre os reinos celestial e terreno levou ao gradual abandono da expectativa do fim do mundo. As esperanças cristãs referentes ao término do sofrimento humano após a morte foram transferidas progressivamente para uma dinâmica mais imanente, o que significa que a história "amenizaria" as frustrações ao longo do tempo. Ela se apropriou, portanto, da noção de eternidade antes pertencente a Deus. Esse processo foi explicado por Löwith por meio da categoria

---

17 Sobre a aceleração do tempo em Koselleck, consultar: "Existe uma aceleração da história" e "Abreviação do tempo e aceleração: um estudo sobre a secularização", em *Estratos do tempo*, op. cit., p.139-88.

de *secularização*. Koselleck insistiu, entretanto, que ele abrigou algo mais denso que a laicização do mundo: a *temporalização*. A relação entre passado e futuro tornou-se mais central do que a relação entre terra e céu. Trata-se da descoberta do caráter mutável do tempo, a irrupção da "consciência histórica" que colocou em segundo plano a necessidade de uma explicação divina sobre os acontecimentos terrenos.

A temporalização foi resultado de um acúmulo da perda de estabilidade social, política, cultural, econômica e aumento das distâncias entre passados e futuros, associados aos questionamentos das ontologias e cosmologias fundadoras da organização da vida social e política cristã. Esses questionamentos, conectados à irrupção de fenômenos difíceis de interpretar pela cosmovisão própria ao cristianismo, produziram certa descrença nas orientações sedimentadas. Essa crise tomou forma a partir do que Koselleck descreveu como uma "aceleração do tempo": o distanciamento entre passado e futuro, de modo que o primeiro perdia cada vez mais rapidamente poder de mediação dos acontecimentos. O afastamento em relação ao passado impulsionava de forma igualmente rápida a projeção de futuros não disponibilizados pela ordem cristã.

Quanto mais inéditos eram os acontecimentos, mais diferentes se tornavam as perspectivas de futuro. Nesse aspecto, crescia a convulsão (aceleração) temporal e daí a necessidade de organizá-la através de uma interpretação linear e progressiva da história. Koselleck revelou, desse modo, que o progresso foi, portanto, uma reação, uma resposta secundária à descoberta do caráter histórico e mutável do tempo. É nesse aspecto que a "temporalização" indica um fenômeno mais radical que a "secularização". A *assimetria* entre passado e futuro e o enfraquecimento da dicotomia terra e céu, se, por um lado, entusiasmou os homens tornando possível a construção de novas realidades, por outro lado os desesperou e os induziu à busca de uma tranquilidade que, se não seria mais encontrada numa promessa transcendente, seria possível a partir da crença em uma ordem progressiva do tempo.

A sedimentação dessa visão progressiva era acompanhada e potencializada pela radicalização do domínio da natureza. O alcance da perfeição na terra dependeria da capacidade de produção incessante dos progressos humanos – a técnica, o domínio da ciência e a industrialização. Esses fenômenos não podiam ser facilmente reduzidos e explicados por premissas teológicas. Eles tornavam mais evidente uma crise temporal e sua aceleração – a migração da redenção humana para o futuro –, e também abriam uma nova relação possível com o espaço através do controle dos campos materiais. A técnica--maquinal e a sua organização industrial satisfaziam antigas necessidades e geravam novas. Quanto maior a sua aceleração, menor as distâncias, e o desejo pelo domínio da natureza ia sendo potencializado.

Desaceleração: a forma da temporalidade contemporânea

Koselleck, como já mencionado, não sistematizou uma reflexão sobre a forma temporal que se seguiu ao enfraquecimento da crença no progresso. Mas sua investigação sobre a secularização como desdobramento da aceleração do tempo indica uma intuição relevante sobre a herança que o tempo histórico moderno teria legado ao mundo contemporâneo: a "crise da aceleração".

Essa crise teria dois aspectos basilares. O primeiro diz respeito ao fato de que o domínio da natureza por meio da técnica levou à real ameaça da existência humana, seja através do esgotamento dos meios de sobrevivência ou do desenvolvimento de armas letais em massa, por exemplo. Quanto maior a aceleração e aprimoramento desse processo, mais concreto se torna o risco do desaparecimento humano. A própria técnica revelou o potencial de autodestruição humano, consolidando aquilo que antes era uma exclusividade divina: o fim do mundo e dos homens.

O segundo aspecto da "crise da aceleração" é um desdobramento do primeiro. Ao revelar a capacidade de autodestruição dos homens, a técnica colocou em colapso a capacidade da projeção de novas possibilidades para além dela mesma; ela reduziu a amplitude do futuro. Aqui reside a dimensão central da "crise da aceleração": o que se seguiu à temporalidade moderna foi um mundo que reencontrou a possibilidade do seu fim. Diferentemente do mundo cristão, contudo, esse "fim" não estaria mais associado a um fator transcendente e religioso, o que implica também a ausência de um conforto redentor divino herdada da secularização. O mundo contemporâneo seria marcado por uma ausência de expectativas (para além da própria técnica) capazes de "consolar" os homens da sua capacidade de se matar coletivamente, "capacidade" para a qual então se lançam. Além de Löwith, as impressões de Koselleck sobre o mundo que se segue à modernidade desdobram-se também dos estudos de Heidegger. A análise da "crise da aceleração" revela um empenho na compreensão do aprisionamento na/pela técnica do qual, segundo Heidegger, apenas um deus (uma rearticulação da história) poderia nos salvar.[18] A intuição de Koselleck sobre o legado da modernidade através da categoria de "crise da aceleração" evidencia, portanto, certa estagnação. A humanidade enquanto processo histórico, embora pareça ter "melhorado" suas condições materiais, teria perdido o entusiasmo para imaginar novos futuros ao se confrontar com sua capacidade de autodestruição, em outras palavras ela teria diminuído a sua pulsão criativa, o desejo pela constituição de outras realidades.[19]

Desse modo, embora Koselleck não tenha elaborado esquematicamente a temporalidade que herdou o fracasso do progresso, a contemporânea, sua obra é um esforço no sentido de confrontar aquele futuro frustrado que se desgastou diante dos totalitarismos e as consequências desse desgaste. "Para além de qualquer ênfase, ter-se-ia então alcançado o final da 'modernidade' no sentido de progresso otimizante."[20] Trata-se do confronto com um *Futuro passado* que, nesse sentido, é mais do que o título de um de seus mais importantes livros, mas um gesto de descrição e de enfrentamento das expectativas modernas e da redução de sua energia. É o confronto com

---

18 Heidegger, "A questão da técnica" em *Scientiazudia*, v.5, n.3, p.375-98, 2007.

19 Gumbrecht, em suas preocupações com a caracterização do cronótopo atual, ao qual denomina "presente amplo", apresenta uma hipótese semelhante à de Koselleck. Ambas as análises revelam a dificuldade na produção de futuros distantes da tradição como uma das bases do mundo contemporâneo. Gumbrecht utiliza a categoria de *estagnação* para descrever o fenômeno oposto ao da aceleração temporal moderna. Cf. Gumbrecht, *Nosso amplo presente: o tempo e a cultura contemporânea.*

20 Koselleck, *Futuro passado*, op. cit., p.327.

esse futuro suspenso que levou Koselleck a desenvolver uma filosofia do tempo que deixasse clara a "parcialidade das interpretações progressistas" e a não redução dos futuros e das histórias a elas.

Esse esforço integra uma das dimensões do trabalho de Löwith que Koselleck levou à frente: ambos buscam a construção de um conhecimento afastado da ideia de essência ou que vislumbrasse alternativas redentoras de futuro. Trata-se de um esforço de distanciamento e de negação das filosofias da história, o qual acompanha razões geracionais e biográficas no que diz respeito a Löwith e ao seu aluno. E trata-se também de um levar à frente questões próprias à tradição fenomenológico-hermenêutica à qual pertencem.

Husserl e o novo olhar sobre a consciência

A constituição da noção de subjetividade no mundo moderno trouxe consigo o entendimento da consciência como determinada por uma essência. O aforismo de Descartes – "penso, logo existo" – foi assimilado como referência a uma mente autoevidente e transparente através da qual a realidade se manifestaria. Os estudos fenomenológicos, especialmente com Husserl, no entanto, mostraram que essa compreensão de consciência é ilusória. Ela seria constituída por elementos mais complexos do que a repercussão da máxima de Descartes. Husserl evocou um novo olhar sobre a subjetividade questionando a sua suposta natureza simples e substancial. Nesse gesto é possível identificar um dos objetivos centrais da fenomenologia: a suspensão dos olhares e modos sedimentados de relação com as coisas que, nesse caso em particular, transformou a própria consciência e os seus conteúdos em objetos de investigação.

O movimento fenomenológico de Husserl – a atenção cuidadosa no que diz respeito às coisas – revelou a consciência como algo mais complexo. Ela não estaria encerrada em si mesma e não teria uma interioridade. A consciência seria uma síntese de atos, uma performance, uma execução de si, cuja estrutura denomina-se tempo. A consciência como uma performance e sem substância refere-se à condição para acessar as experiências na sequência temporal. Isso implica dizer que ela não se limita ao entendimento apenas do que está imediatamente disponível ou da *impressão originária* de um objeto. De forma sintética, explica-se aqui a consciência como constituída pela "amplitude do presente" – uma sequência temporal capaz de distinguir o que passou e o que está imediatamente disponível. Essa experimentação da sequência temporal é dada pela *retenção* – intenção que empresta uma consciência do que passou do objeto – e pela *proteção* – intenção mais ou menos independente da fase seguinte do objeto. Os atos e experiências seriam unidades temporais constituídas por *impressão originária*, *retenção* e *proteção* que se tornam conscientes de si através desse entrelaçamento.[21]

É importante observar que a *retenção* não pode ser confundida com passado e a *proteção* com futuro. Passado e futuro são atos intencionais derivados da *retenção* e da *proteção*, isto é, atuam como as condições de possibilidade das reflexões e elaborações conscientes do que passou (passado) e as intuições que ultra-

---

21 Husserl, *Lições para uma fenomenologia da consciência interna do tempo.* Conferir especialmente a segunda seção.

passam determinado objeto ou ação (futuro). Passado e futuro seriam, portanto, desdobramentos *secundários* (não menos importantes) da estrutura temporal da consciência. Há ainda um terceiro plano dessa estrutura temporal – o acúmulo das elaborações de passados e de futuros; a esse processo dá-se o nome de história. Trata-se de um processo que constrói padrões de compreensão e de expectativas de diferentes durações que se sobrepõem. Os estudos de Koselleck concentram-se majoritariamente sobre esses processos de sedimentação.

Koselleck aluno de Heidegger

Ser e tempo foi um dos livros mais fundamentais da formação de Koselleck em Heidelberg. No livro escrito em 1926, Heidegger explorou a intuição fenomenológica da inexistência de uma posição externa ao homem e ao mundo a partir da qual fosse possível se antecipar, julgar e dominar a realidade. Há nas reflexões de Heidegger uma ontologia do *Dasein*, e isto a partir do tema da temporalidade que desde Husserl passou a figurar como condição para a vida humana. Koselleck considerava esse esforço a grande contribuição de Heidegger: pensar a existência humana por meio do que seriam suas condições temporais e não a restringir a uma estrutura metafísica. O autor de *Ser e tempo* teria, desse modo, tornado possível investigar não apenas o movimento histórico, mas a própria condição de possibilidade da mobilidade da história e do seu conhecimento.

A primeira parte do livro apresenta uma análise ontológica do *Dasein* (ser que habita o mundo e por meio do qual a realidade se generalizaria). A segunda explora o "significado" da existência humana. De forma mais concisa possível, a tese em questão é a de que o *Dasein* é tempo. A historicidade derivaria do *Dasein* porque ele seria temporal na base da sua existência. Seu caráter temporal emerge da relação com a morte, o *Dasein* é um ser-para-a-morte, já que todos os projetos humanos seriam atravessados pela percepção da finitude, experiência primária e profundamente solitária.

A particularidade das reflexões de Heidegger sobre o tempo recai na forma como ele associou singularidade e coletividade ao tempo – passado, presente e futuro. A dimensão coletiva da existência estaria no passado, no destino materializado de um povo, uma herança compartilhada. O futuro seria demarcado pela experiência individual da morte. O presente seria o lugar de convergência da herança coletiva e da dimensão individual da existência.[22]

Embora considerando as reflexões de Heidegger imprescindíveis, Koselleck as situou historicamente. Os termos utilizados em *Ser e tempo* na composição de sua analítica não poderiam ser separados da dureza do contexto político e social alemão, bem como não se distanciavam de uma interpretação e de uma experiência ideológica. "Angústia", "assumir o destino", "história de um destino", "origem", "herança"... faziam Koselleck crer que as reflexões sobre a existência heideggerianas precisariam ser levadas em uma direção que o próprio Heidegger não havia considerado. Koselleck decidiu, desse modo, ampliar as categorias fundamentais da analítica do *Dasein* – "ser-lançado" (nascimento) e "antecipação da morte" (inevitabilidade da morte).

---

22 Heidegger, *Ser e tempo*. Consultar: segunda seção, quinto capítulo, parágrafos 72-7.

Ele estava convencido de que haveria elementos mais complexos nisto que seria a experiência da finitude. O *Dasein* como categoria central para se pensar a temporalidade teria limites em razão da sua dimensão temporal mais decisiva (o futuro) ser individual. Koselleck considerou fundamental a atenção às dimensões coletivas da existência, do contrário a história poderia ser reduzida a uma abstração.[23]

Haveria dois perigos, portanto, na categoria de historicidade heideggeriana, segundo Koselleck. O primeiro seria o risco de uma "ontologia trans-histórica da história". Se o *Dasein* abriga a temporalidade, como seria possível acessar e conhecer tempos distintos? Koselleck acusa Heidegger, nesse sentido, de ter conferido em *Ser e tempo* certa distância entre *Dasein* e o mundo, encerrando o *Dasein* em si mesmo e obscurecendo a dimensão espacial da existência.[24] Isto teria conferido uma interpretação positiva ao relativismo e ao historicismo que Koselleck não hesita em combater. O segundo risco é que a noção de historicidade do *Dasein* confere à história uma determinação escatológica: a história do Ocidente compreendida como história do esquecimento do ser – o que manteria, no limite, uma essencialidade na história.

---

23 "Teoria da história e hermenêutica", em *Estratos do tempo*, op. cit., p.91-109.

24 Gumbrecht associa a tendência de Heidegger a reduzir a importância do espaço no *Dasein* ao impacto da cultura contemporânea em suas reflexões: a impressão de redução do espaço que desencadeou um pensamento ativo das estruturas temporais. Cf. Gumbrecht, "Depois de aprender com a História", em *Em 1926: vivendo no limite do tempo*, p.498.

As categorias antropológicas

Husserl apresentou as categorias de *retenção* e *proteção* como estruturas da consciência que permitem a apreensão da realidade. Heidegger abordou o tempo a partir do *Dasein*, dando ênfase às dimensões do passado, do presente e do futuro por meio das noções de "ser-lançado" e "antecipação da morte". Koselleck, por sua vez, perguntou o que tornaria a existência humana possível em termos coletivos. O nascimento e a morte de um indivíduo são atravessados por outros nascimentos e mortes que incorporam heranças, acumulam frustrações e produzem novas esperanças. Nesse hiato atuariam as condições de possibilidade das histórias e das formas de conhecê-las.

A realidade histórica, a organização dos homens em determinado tempo/espaço, seria desdobramento de duas dimensões fundamentais. O presente abrigaria heranças que articulariam consciente e inconscientemente os modos de comportamento autonomizados e enraizados. Trata-se do "espaço de experiência" – a acumulação e a repetição das vivências ao longo da história. A realidade histórica também seria atravessada pelo que ainda não foi experimentado, mas pode ser intuído ou desejado. Envolto pela imaginação e pela curiosidade, aquilo que é projetado pode resultar em existências surpreendentes, desconhecidas e/ou frustradas. Trata-se do "horizonte de expectativa" que, embora nunca se possa alcançar, determina igualmente as decisões tomadas no presente.[25]

---

25 Koselleck, "Espaço de experiência" e "Horizonte de expectativas: duas categorias históricas", em *Futuro passado*, op. cit., p.305-27.

Da tensão estabelecida entre o "espaço de experiência" e o "horizonte de expectativa" nascem as realidades históricas que contêm estruturas que tornam possível a repetitividade e também elementos contingenciais. Nada pode emergir sem a presença de passados, desilusões e desejos sobre o futuro. Por serem imprescindíveis, essas categorias equivalem, em certo sentido, às noções de "espaço" e "tempo" de Kant. Desse modo, elas não se referem a um conteúdo específico, mas às *condições* para os conteúdos e fenômenos e sua identificação. Koselleck se recusou a historiar essas categorias por meio de uma análise conceitual. Esse gesto abriga um dos pontos centrais de sua filosofia do tempo:

> *Renunciaremos* conscientemente a deduzir a origem histórica dessas expressões, de certa forma contrariando a exigência metodológica a que um historiador profissional dos conceitos deve submeter-se. Na investigação existem situações em que abster-se de perguntas sobre a gênese histórica pode aguçar mais o olhar que se dirige à própria história. Em todo caso, a pretensão sistemática a que aspira o nosso procedimento se torna mais clara, quando em um primeiro momento, renuncia-se a historiar a própria posição.[26]

Ao se recusar a historicizar tais categorias, Koselleck procurou explicitar que as dimensões que garantem as histórias seriam universais. Mas não haveria universalidade no conteúdo que delas emerge. A filosofia do tempo de Koselleck pretendeu alcançar, desse modo, a pluralidade, a multiplicidade de possibili-

---

26 Ibidem, p.306.

dades que a tensão entre determinados "espaços de experiência" e "horizontes de expectativa" faz emergir. Dessa hipótese nasceu a categoria, os "estratos do tempo" ou a "simultaneidade do não simultâneo": o acúmulo e a sedimentação de experiências, a presentificação de passados e de desejos. Os estratos temporais são as camadas de tempo com diferentes durações e diferentes "origens" que coabitam um espaço. Eles referem-se à simultaneidade de experiências e expectativas nas quais umas ficam latentes, outras aparecem mais evidentes e fortes, constituindo um tempo histórico. Esses estratos só podem ser diferenciados a partir de uma teoria que se pergunta pela relação entre os "espaços de experiência" e os "horizontes de expectativa".

A tese apresentada em *Futuro passado* nasceu de uma *decisão teórica* que procura se opor ao risco de um relativismo infinito próprio ao exercício de historicização. Essa decisão envolve uma compreensão de história que insiste na diferenciação entre história e passado que retoma Husserl. A realidade histórica seria o resultado daquilo que se desdobra da relação mesma entre experiência e expectativa – o acúmulo das vivências individuais e coletivas e das expectativas conquistadas ou frustradas desses sujeitos. A história não pode ser deduzida apenas do que passou, mas também daquilo que se apresenta no horizonte como desejo, possibilidade ou frustração.

O historicismo – entendido como uma forma temporal – legou à disciplina da História um olhar sobre o passado como algo monolítico, linear, processual e acessível apenas com base em certo distanciamento, ignorando as diferentes camadas e durações do tempo e produzindo representações hierárquicas da história. Na contramão desse processo, Koselleck insistiu na compreensão de que a tomada de conhecimento de uma realidade depende da pergunta pela relação entre "espaço de experiência" e "horizonte de expectativas". As tensões entre elas mobilizam as possibilidades das organizações socioculturais e suas manifestações linguísticas. As categorias antropológicas, base fundamental de sua filosofia do tempo, são as condições para uma história possível procedentes do mundo da vida.

História e conflito:
a mudança como condição dos derrotados

Embora as categorias "espaço de experiência" e "horizonte de expectativas" sejam definitivamente meta-históricas e teoricamente imprescindíveis na filosofia do tempo de Koselleck, ele também propôs outras categorias antitéticas que enfrentam mais diretamente à questão do movimento histórico. As condições de possibilidade para as histórias também se desdobrariam de estruturas conflitivas e hierárquicas que atuariam de forma simultânea, mas com peso distinto nas vivências humanas.[27] De forma geral, são cinco os pares propostos: "antecipação da morte" e "poder matar"; "amigo" e "inimigo"; "interior" e "exterior"; "horizonte de temporalidade" e "historicidade" (associado à categoria de generatividade); e "senhor" e "servo". Esses pares reagem aos trabalhos de Heidegger, Hegel, Schmitt e Arendt. Em outros ensaios, o autor reduz os cinco pares a apenas três presentes nas reflexões de Goethe: "superior"

---

27 "Teoria da história e hermenêutica", em *Estratos do tempo*, op. cit., p.91-109.

e "inferior" (associado à dimensão hierárquica); "interno" e "externo" (relativo às políticas de inimizade e à questão territorial); "anterior" e "posterior" (referente à questão geracional).[28] Embora não tenhamos a pretensão de detalhá-las aqui, vale pontuar que essas categorias buscam oferecer uma perspectiva analítica a partir da qual seria possível descrever as singularidades das experiências históricas que emergiriam das suas diferenças constitutivas.

Esses pares poderiam ser ainda "reduzidos" ao dualismo "vencedores" e "vencidos", tensão também básica à produção de estabilidades e de transformações históricas, a partir do qual os "vencidos" seriam responsáveis pela pulsão do movimento histórico, por manter constantemente em jogo o caráter de possibilidade da história. A curto e até médio prazo, os vencedores e os historiadores ligados aos vencedores conseguiriam sustentar determinada realidade atravessada por hierarquias de poder. Mas, a longo prazo, a manutenção dessas estruturas torna-se difícil, isto porque, na longa duração, as frustrações em torno delas aparecem mais precisamente. Como as coisas não aconteceram nem mesmo próximas ao desejado, cabe ao derrotado a reflexão sobre seu fracasso e a proposição (combativa) de novas possibilidades, abrindo, desse modo, outras experiências a partir de um tensionamento no que tange às estruturas sedimentadas. Sua noção de história (e a forma de conhecê-la) se aproxima, dessa forma, da "história a contrapelo" de Walter Benjamin — "Ele [Benjamin] costumava dizer que

---

28 Sobre os pares antitéticos, conferir "Estruturas de repetição na linguagem e na história" presente nesta antologia.

também devemos celebrar aqueles que foram derrotados e que devemos convidar as pessoas a ver as coisas de seu ponto de vista. Então por que não?".[29] A "derrota contém um potencial inesgotável para a aquisição do conhecimento", pois de sua disposição conflitiva e da reelaboração narrativa dos derrotados visualizam-se outros cenários possíveis imprescindíveis à mobilidade da história.[30]

Koselleck aluno de Gadamer

A origem da obra de arte de Heidegger foi fundamental para as reflexões de Gadamer em *Verdade e método*, sua principal obra, e também na *Atualidade do belo*.[31] Em linhas gerais, Heidegger compreendia a obra de arte equivalente ao que inaugura uma nova forma de existência, um "mundo" específico. O filósofo igualmente compreendia que uma obra perde seu *status* de arte quando o mundo que ela abre desaparece. Gadamer, contudo, levou a leitura de Heidegger à frente a partir de um deslocamento: uma obra de arte, bem como uma temporalidade, seria sempre uma obra de arte. Ela não desapareceria simplesmente. Poderia estar obscurecida, mas não ausente. O acesso a

---

29 Tradução livre. No original: "He [Benjamin] used to say that we should also celebrate those who have been defeated and that we should invite people to see things from their point of view. So, why not?", em Koselleck apud Sebastían; Fuentes, op. cit., p.125.

30 Koselleck, "Mudança de experiência e mudança de método: um esboço histórico-antropológico", em *Estratos do tempo*, op. cit., p.72.

31 Heidegger, *A origem da obra de arte*; Gadamer, *Verdade e método: traços fundamentais de uma hermenêutica filosófica*; Gadamer, *A atualidade do belo: a arte como jogo, símbolo e festa.*

essas dimensões ofuscadas pelo tempo seria possível por meio de uma relação de autenticidade capaz de conectar aberturas específicas e encobertas de mundo. Trata-se de uma experiência humana que ele denominou "fusão de horizontes": a possibilidade de conexão entre experiências diferentes dispostas no tempo mediadas pela tradição, pela linguagem.

Entre Gadamer e Koselleck mantém-se uma preocupação de identificação e descrição dos elementos singulares de uma temporalidade. Recusa-se o entendimento do tempo como um *continuum* ininterrupto ou progressivo. Nesse aspecto, Koselleck via na sua *Historik* e na hermenêutica de seu professor um ponto importante de convergência. A noção de "fusão de horizontes" e a de "estratos do tempo" compartilham o entendimento da coexistência de diversas temporalidades e se mobilizam a partir disso que seria a possibilidade de abertura para elas. Koselleck valorizou o fato de Gadamer, ao criticar o círculo hermenêutico tradicional (que tinha Dilthey como protagonista), ter se afastado de um ideal de conhecimento histórico baseado em um método científico, de modo que acabava reduzindo a história à decifração do mesmo. "Verdade e método" retomou o conceito de *práxis* no sentido aristotélico – a construção permanente da vida – e se distanciou da noção de verdade a ser conquistada pela filosofia, pela história ou pela arte com base na aplicação de um método.

Mas Koselleck também estabeleceu uma distância de seu professor ao valorizar as estruturas pré e extralinguísticas que condicionariam a história, o que significa dizer que sua filosofia do tempo não poderia ser compreendida exatamente como uma parte da hermenêutica. Sua crítica insiste em colocar em permanente vigília o fato de que a experiência humana também estaria para além de ser capturada pela linguagem, pela autoridade da tradição e particularmente pela historiografia.[32] Sublinha-se que linguagem, nesse contexto, diz respeito à capacidade de produção de sentidos por meio de narrativas. Koselleck tratou a história como um evento "não verbal" que remeteria à tradição e à linguagem obviamente (como já sugere sua categoria "espaço de experiência"), mas que também as ultrapassaria ("horizonte de expectativas").[33]

---

32 "Teoria da história e hermenêutica", em *Estratos do tempo*, op. cit., p.91-109.

33 "Gadamer não aceitou essa ambiguidade na linguagem. Para ele, seguindo os passos de Heidegger, a linguagem contém implicitamente a totalidade da experiência. Não há dúvida de que, no processo de transferência de muitos conceitos da filosofia grega para a alemã, a filosofia hermenêutica de Gadamer transformou a linguagem na chave de toda a realidade humana. Há um argumento muito forte para apoiar essa posição, mas para mim, como historiador, é impossível aceitá-la como uma verdade única e exclusiva. Como historiador não posso me limitar ao domínio linguístico, ou seja, ao que de fato foi dito, devo também me ocupar com o que poderia ser dito." Tradução livre. No original: "Gadamer did not accept this ambiguity in language. For him, following Heidegger's footsteps, language implicitly contains the totality of experience. There is no doubt that in the process of transferring many concepts from Greek into German philosophy, Gadamer's hermeneutical philosophy transformed language into the key to all human reality. There is a very strong argument to backing up this position, but for me, as a historian, it is impossible to accept it as a unique and exclusive truth. As a historian I cannot limit myself to the linguistic domain, that is, to what was in fact said, I must also occupy myself with that which could be said.", em Koselleck apud Sebastían; Fuentes, op. cit., p.126.

Gadamer também havia considerado a dimensão não conceitual e indizível dos fenômenos, mas de modo distinto de Koselleck, ou ainda de acordo com Gumbrecht:

mediante um movimento do pensamento que desfizesse a distinção traçada entre o dizível e o indizível: "a alusão ao indizível não precisa causar qualquer prejuízo à universalidade do linguístico. O infinito do diálogo no qual se realiza o entendimento faz com que a própria validade do indizível seja *relativizada*". O indizível, assim Gadamer avalia o problema, talvez esperançoso demais, não permaneceria permanentemente invisível.[34]

O que está em jogo é menos uma crítica ao próprio Gadamer e mais a insistência de Koselleck no afastamento em relação ao historicismo e ao relativismo que via de alguma forma próximo à hermenêutica (e não necessariamente à hermenêutica gadameriana). A práxis de Gadamer fundamenta-se em um exercício ético, não disciplinar. A linguagem remeteria aos elementos comuns presentes no tempo e legados pela tradição que evocam a conexão e o reconhecimento dos homens entre si. A hermenêutica gadameriana é, portanto, um esforço de resguardo de certa noção de humanidade e da produção da empatia "necessária" à sua sobrevivência. Ela, como um gesto de abertura permanente para as histórias, objetiva legar aos homens

---

34 Gumbrecht, "Pirâmides do espírito: sobre a rápida ascensão, as dimensões invisíveis e o súbito esmorecimento do movimento da história dos conceitos", em *Graciosidade e estagnação*, op. cit., p.31, grifo nosso.

sentidos compartilhados em sua existência.[35] O exercício de compreensão por meio da (re)elaboração de narrativas deve ser lido como a tentativa de construção de um mundo melhor – o que leva à produção de sentidos existenciais e à necessidade de uma integração criativa das realidades "absurdas" da história.

Mas Koselleck insiste, por vezes de forma ambígua, numa historicização da hermenêutica de Gadamer. A hermenêutica de modo geral, tendo nascido com a crise das perspectivas modernas, estaria condenada a reagir a um acontecimento através da produção de sentidos. Isso o "incomodava" na medida em que procurou evidenciar a assimetria entre os acontecimentos e suas respectivas narrativas. Aqui, outro elemento é adicionado à compreensão que possui da história. Ela, enquanto acontecimento, seria irracional (desprovida de sentido), a racionalidade residiria unicamente em sua análise e elaboração conceitual. Dessa forma, Koselleck possui uma ambição teórica menos preocupada com a garantia de produção de sentidos históricos e mais com a decifração das suas condições de possibilidade para a história e seu conhecimento.[36]

A reação de Koselleck referente aos sonhos de judeus durante o Terceiro Reich reunidos pela ensaísta e jornalista Charlotte Beradt é um exemplo importante de alguns aspectos dessa discussão. Em 1966, Beradt publicou o livro *Sonhos no Terceiro Reich*. Trata-se de uma reunião de sonhos de mais trezentas pessoas coletados entre 1933 e 1939 que repercutiam os efeitos angus-

---

35 Gadamer, "Teoria da história e linguagem", em Koselleck, *Estratos do tempo*, op. cit., p.111-8.

36 Ver "Sobre o sentido e o não-sentido da investigação histórica", presente nesta coletânea.

tiantes da propaganda e do terror, após a ascensão de Hitler ao poder, no que tange à vida ordinária de cidadãos que, de forma geral, estavam na mão oposta ao regime. Beradt realizou, portanto, uma cartografia onírica desse período que oferece um repertório imagético social, político e histórico detalhado sobre como a negação do indivíduo e de sua subjetividade pelo totalitarismo foi assimilada coletivamente. Ela também acreditava que os relatos poderiam somar-se às provas da violência praticada pelo nazismo que se anteciparam à fase do terror.[37]

O livro causou grande impacto no historiador. Segundo Koselleck, os sonhos registrados por Beradt presentificaram um componente decisivo da experiência histórica própria ao nazismo, mas não exclusivamente restrito a ele: tratou-se de uma experiência do absurdo. Vivências que a linguagem cotidiana disponível não poderia assimilar, mediar e redimir (por meio da produção de sentidos), sem correr o risco de justificar. O que também o fascinava era o caráter de "prognóstico" contido neles. Muitos dos relatos oníricos "anteciparam" a realidade subsequente a 1939, momento no qual a experiência do nazifascismo desencadearia mais radicalmente a experiência do terror. A noção de prognóstico aqui não pode ser simplificada e compreendida como "adivinhação".

Os sonhos, na verdade, teriam captado uma estrutura latente e disponível da experiência histórica (um fator extralinguístico) que mais tarde veio a se revelar como cotidiana durante o terror. Eles teriam assimilado alguns futuros possíveis abertos

---

37 Beradt, *Sonhos no Terceiro Reich: com o que sonhavam os alemães depois da ascensão de Hitler*.

após a ascensão de Hitler.[38] Essas estruturas, não necessariamente visíveis, eram corporalmente intuídas, estariam latentes – "Existe uma razão do corpo, que vai mais longe do que aquilo que o medo permite ao sonhador fazer em estado de vigília".[39] Isso ocorreria porque a vida onírica, como as demais dimensões da existência, acumularia camadas temporais, mas não as domesticaria à lógica linear causal. Nela, experiência e desejo (expectativa), se confundiriam. Passado, presente e futuro comporiam um espaço de simultaneidades profundo. Ao considerar os sonhos como uma experiência de latência, Koselleck afirmou os limites impostos pela realidade ao pensamento lógico-formal. Por isso, argumentou ainda em favor da proximidade dos sonhos à dimensão ficcional. A noção de ficção aqui não diz respeito apenas ao que é inverossímil, ao não verdadeiro. Ao frisar o componente ficcional e literário dos sonhos, Koselleck buscou justamente destacar o *possível* que o controle do imaginário (e da linguagem) ao longo da modernidade obscureceu. Essa análise marca a preocupação de Koselleck em identificar e descrever uma relação não hermenêutica com a realidade, embora dela também não possa prescindir.

Para além da historiografia

As preocupações de Koselleck com a delimitação da "ciência histórica" possui dois elementos basilares. O primeiro abriga

---

38 Sobre o tema, também conferir: Koselleck, "Terror e sonho: anotações metodológicas para as experiências do tempo no Terceiro Reich", em *Futuro passado*, op. cit., p.247-65; e o posfácio ao livro *Sonhos do Terceiro Reich*, de Charlotte Beradt.

39 Koselleck, "Terror e sonho...", op. cit. p.255.

uma teoria sobre a temporalidade propriamente dita, uma reflexão sobre as estruturas formais do tempo e sua centralidade existencial. Esse momento equivale à sua filosofia do tempo, a qual objetiva desnaturalizar o caráter identitário das realidades históricas. O autor enfrenta, inicialmente, um problema filosófico, no qual o problema da temporalidade se impõe. O segundo elemento de sua *Historik* é a historiografia, a organização em narrativa daquilo que a filosofia do tempo permitiu acessar. Trata-se de um componente que só se torna efetivamente relevante quando o texto manifesta as tensões e diferenças historicamente sedimentadas. Desse modo, a *Historik* de Koselleck não se refere apenas a uma metodologia para a disciplina da História como a própria palavra pode sugerir. Trata-se da pergunta pelas condições de possibilidade das histórias, das formas de conhecê-las e, posteriormente, das formas de narrá-la e de lembrar seu caráter incompleto, plural, suscetível e aberto ao que não está imediatamente visível.

Essas preocupações de Koselleck reagiram à perda de espaço da disciplina História em razão da "crise do historicismo". O crescimento da irrelevância do campo em cenários mais pragmáticos justificava-se, para o autor, pela ausência de uma teoria sobre a temporalidade capaz de evidenciar o caráter plural e conflitivo das realidades humanas.[40] A ciência histórica de-

---

40 No começo dos anos 1970, havia uma tendência para certa reunião dos objetos e métodos da disciplina História com as Ciências Sociais. Nesse contexto situa-se a preocupação de Koselleck com o desenvolvimento de uma teoria que reformulasse as prioridades da disciplina e demarcasse também sua singularidade. Ver "Para que ainda investigação histórica?", presente nesta coletânea.

fendida por ele não se fundamentaria no controle da exegese de fontes. Na discussão estabelecida com Gadamer – entre os fenômenos e sua narrativa haveria algo mais –, afirmou que a disciplina seria superior à hermenêutica porque se perguntaria pela realidade que está para além dos textos, para além da linguagem, identificando, inclusive, seus próprios limites.[41] Os efeitos desencadeados por um acontecimento, presentes em qualquer experiência, permitiriam acessar apenas parcialmente o que um acontecimento efetivamente foi – "cada história contém mais do que os envolvidos conseguem reconhecer individualmente, pois ela é governada por forças de efeito mais duradouro".[42] Entre um acontecimento e o que se diz sobre ele, há um traço comum a toda experiência humana – agir e se enredar em aporias, vitórias e derrotas, de cuja elaboração narrativa emergem outras experiências. Aqui Koselleck está próximo de Gadamer – a multiplicidades de narrativas conduz a diferentes possibilidades. Contudo, ele receia que essa compreensão leve a um relativismo infinito no qual tudo seria válido caso possa ganhar sempre um novo significado e ser reescrito.

Auschwitz era um dos exemplos ao qual recorria para explicitar essa questão. Nenhuma linguagem poderia assegurar sentido sobre aquele acontecimento. Visualiza-se que sentido, nesse contexto, não se desassocia de uma justificativa. Continuando o exemplo, seria impossível ler *Minha luta*, de Hitler,

---

41 Koselleck, "Teoria da história e hermenêutica", em *Estratos do tempo*, op. cit., p.91-109; "Sobre a indigência teórica da ciência histórica", em ibidem, p.277-93.

42 Koselleck, "Mudança de experiência e mudança de método: um esboço histórico-antropológico", em *Estratos do tempo*, op. cit., p.65.

com um olhar de anterioridade em relação a Auschwitz, o que significa dizer que não se acessa um fenômeno restrito ao contexto no qual emerge, mas também por seus efeitos. Nesse aspecto, a reformulação de uma história através das narrativas acontece primordialmente em função das experiências que ela desencadeia. Um acontecimento, ao irromper e transformar a realidade, igualmente transforma os modos de acesso a ele.

O protagonismo que ele conferiu à História, portanto, não é referente à disciplina que se desdobra da lógica historicista e ocupa os programas acadêmicos no Ocidente mais propriamente. Esta teria se fundamentado em um dilema epistemológico – precisar falar a verdade e ao mesmo tempo reconhecer a condição parcial dessa verdade. O primeiro aspecto diz respeito à busca pela objetividade plena, dada pelo distanciamento temporal. Junto ao gesto hermenêutico, compartilhava-se o pressuposto de que a totalidade do mundo histórico poderia se abrir através de um movimento crítico, com base no qual o passado se tornaria objetivo e a singularidade de cada tempo histórico revelada. A categoria de *distância histórica*, nesse contexto, apareceu como o princípio a partir do qual se acreditava que a passagem do tempo adquiria a capacidade de produzir compreensões coerentes sobre a realidade, acessíveis metodologicamente, bem como de concretizar as expectativas dispostas historicamente.[43] Mas, no interior da disciplina, igualmente se disputava a compreensão de que o conhecimento estaria condicionado ao ponto de vista do historiador, o que significa a impossibilidade

---

43 Idem, "Ponto de vista, perspectiva e temporalidade: contribuição à apreensão historiográfica da história", em *Futuro passado*, op. cit., p.173.

da objetividade plena, os limites do acesso à realidade através dos textos. Nessa perspectiva, a posição do historiador era não apenas inevitável, como também necessária, a partir da qual poderia compartilhar algum horizonte comum com as outras temporalidades.

A objetividade e a incorporação do ponto de vista excluem--se e remetem-se uma à outra mutuamente, fazendo do campo um espaço de disputas permanentes desde o século XIX. Essas tensões não podem ser eliminadas, bem como a aporia sobre a qual se edifica a disciplina, mas elas podem ser reestrutura-das através de uma compreensão de temporalidade com base na qual a mudança é um dispositivo fundamental, não orga-nizada por uma linha evolutiva, processual e cronológica, mas pelo entrecruzamento das presentificações e obscurecimentos de passados e futuros em determinado presente. A disciplina História "superior à hermenêutica", como por vezes Koselleck a definiu, trataria, no limite, o problema da objetividade e da parcialidade como um falso problema ou como um problema de ordem secundária. A relevância da História estaria associada a uma decisão filosófica capaz de reconhecê-la em sua dimen-são existencial e como um fenômeno plural, conflitivo, violen-to suscetível ao poder de rearticulação, movimento e subversão das hierarquias.[44]

---

44 A disciplina História estaria também relacionada à capacidade de produção de prognósticos voltados para a dimensão político--pragmática. Trata-se de projetos de ação no mundo, afastados do gesto utópico moderno. Cf. idem, "Sobre la historia conceptual de la utopía temporal", em *Historia de conceptos*, op. cit., p.183-5; "Prognósticos históricos nos escritos de Lorenz von Stein sobre a

Uma filosofia da guerra

Em minha infância, eu experimentei – muito de perto nas brigas do colégio elementar – a quebra da República de Weimar. As ideias liberais se foram. O que seguiu, na minha juventude, foi o crescimento do movimento do nacional-socialismo..., e então, quando fui soldado: guerra, bombardeios totais, múltiplas mortes; seguiu-se a intensificação e, ao mesmo tempo, a dissolução do sistema totalitarista; e, finalmente, o colapso e o cativeiro russo.[45]

Essa narrativa autobiográfica encerra muito daquilo que poderia ser dito sobre a vida de Koselleck. Nasceu em 23 de abril de 1923 em Görlitz, na Baixa Silésia. Atualmente, a cidade integra o estado alemão da Saxônia, na fronteira com a Polônia. A região abriga uma minoria protestante que, ao longo da história, esteve sob domínio e conflito com diferentes países como a Polônia, Boêmia, Áustria e Alemanha. Na história moderna, os silesianos ou sudetos têm sido frequentemente

---

Constituição prussiana", em *Futuro passado*, op. cit., p.79-94; e "O futuro desconhecido e a arte do prognóstico", em *Estratos do tempo*, op. cit., p.189-205.

45 Tradução livre. No original: "In my childhood, I experienced – very closed in the brawls in elementary school – the breakdown of the Weimar Republic. The liberals were gone. What followed, in my youth, was the rise of the National Socialistic movement...; and then, when I was a soldier, war, total bombing, multiple death; then the intensification and at the same time a dissolving of the totalitarian system; finally breakdown and Russian captivity", em Koselleck apud Olsen, op. cit., p.12.

pressionados a se declarar como sendo alemães ou poloneses e a adotar a língua da nação governante. Trata-se de uma região mais conservadora, decisiva para o triunfo nazista.

A família de Koselleck apresentava um perfil culturalmente vivo que foi comprometido pelo contexto de instabilidade política e pela crise cultural instaurada pela República de Weimar. Ela compunha um segmento da classe média reconhecida pelo seu apreço pela educação, pela carreira acadêmica, pela vida cultural e pelos serviços estatais (*Bildungsbürgertum*). Seu pai, Arno Koselleck, era historiador e professor. Foi ativo nos movimentos de reforma educacional nos anos 1920. Em 1930, ele fundou a Pädagogische Akademie em Kassel, fechada em 1933 quando os nazistas tomaram o poder na Alemanha. Seu pai parecia destoar do perfil conservador dos sudetos. Há indícios de desentendimentos com o irmão mais velho de Koselleck em razão do entusiasmo do irmão pelo partido nazista. Punido por suas visões republicanas, Arno Koselleck ficou desempregado até encontrar um trabalho provisório como professor de história de práticas didáticas em Saarbrücken.

O ano de 1934 foi marcado pela entrada de Koselleck, aos 11 anos, para a juventude hitlerista (*Hitlerjugend*) – instituição obrigatória para jovens da Alemanha nazista que visava treinar crianças e adolescentes dos 6 aos 18 anos, de ambos os sexos, com base em interesses do partido. Em maio de 1941, Koselleck, aos 19 anos, se alistou no Exército alemão. Não se sabe das efetivas razões para o alistamento, mas ele o abordou a partir de um horizonte geracional.[46] Em 1º de maio de 1945,

---

46 Sobre o tema, consultar Olsen, op. cit., especialmente p.32 e 33, notas 16 e 17, respectivamente.

Koselleck foi capturado pelo Exército russo, uma semana antes da rendição alemã, forçado a caminhar até Auschwitz como parte da reeducação proposta pelos russos, onde se confrontou pela primeira vez com isto que foi o assassinato em massa de milhares de judeus. Durante a ausência de sua casa, seu irmão mais velho morreu servindo ao Exército alemão, seu irmão mais novo morreu em decorrência de bombardeios dos Aliados, seu tio por parte de mãe havia sido assassinado pelos nazistas e, ao retornar para a Alemanha, no final de 1946, seu pai teria tido dificuldade em reconhecê-lo após cinco anos afastados.[47]

Elementos biográficos não esgotam o pensamento de nenhum autor. Mas, definitivamente, deles não se pode abstrair. A República de Weimar, o alistamento no Exército, o cativeiro russo, o encontro com Auschwitz... deixaram marcas decisivas nas reflexões de Koselleck sobre a história, sendo muitos de seus textos dedicados exclusivamente ao problema da guerra e da morte. O seu pensamento nasceu da necessidade de explicação da ascensão do nazismo e, talvez, mais dramaticamente, da necessidade de entender seu alistamento, para o qual parece nunca ter encontrado sentido suficiente. Sua visão da história como um espaço de conflito abriga, como ele havia notado no pensamento de Heidegger e Gadamer, elementos determinantes de seu próprio tempo: a experiência ocidental, europeia e alemã da guerra da qual saiu derrotado.

Tornou-se um historiador derrotado. Nos debates sobre os monumentos dedicados ao Holocausto, ele insistiu na necessidade de expansão da memória das vítimas para além dos

---

47 Ibidem, conferir capítulo I e ver p.33, nota 22.

judeus, incluindo também ciganos, negros, homossexuais e demais vítimas do nacional-socialismo. Não buscou explicações capazes de justificar historicamente o nazismo, tratou-o como um fenômeno irracional fruto da incorporação de uma lógica moralizante na história, que levou à banalização estrutural da violência. Tentando controlar o pessimismo, tão perigoso quanto as utopias, propôs uma filosofia do tempo que revelasse a existência de outras possibilidades históricas preteridas pelos alemães e por si próprio em nome de um futuro fechado à diferença. Esse trabalho nasceu do diálogo com importantes pensadores alemães, como Kant, Hegel, Nietzsche, Löwith, Heidegger, Schmitt, Gadamer, Walter Benjamin... Mas a incorporação dessas reflexões foi sempre marcada por certo afastamento crítico. A preocupação com os derrotados o levou a uma vigília em relação ao pensamento que o formou. Seus professores resguardariam, cada um ao seu modo, olhares sobre a história que Koselleck parecia disposto a evitar – o pessimismo e a nostalgia de Löwith, certa essencialidade do *Dasein* de Heidegger, a ênfase na inimizade de Schmitt, a insistência de Gadamer no resguardo de certa humanidade por meio do sentido. Sua filosofia do tempo é um gesto crítico sobre as dimensões pessimistas, utópicas e nostálgicas de seus professores, próprias ao pensamento alemão e ocidental que parecia insistir na neutralização de tantas outras histórias possíveis e na possibilidade de redenção da violência que o constituiu. Sua filosofia do tempo nasceu de uma reação à presentificação da guerra, sem dúvida, mas nasceu também de uma preocupação em mostrar que a história humana não está circunstanciada a determinados caminhos que tornaram possível esta ou aquela realidade efetiva.

Uma latente filosofia do tempo

1

Estruturas de repetição na linguagem e na história[1]

Há algo peculiar nestas histórias de amor: dão-se voltas em torno do mesmo, mas começam e terminam de formas tão infinitamente variadas que é interessante observá-las. (Nestroy, 2001, p.42)

Quem não leia a epígrafe em sua formulação original, mas sim uma em língua alemã neutra, perderá o tom vienense, conquanto adivinhe seu autor: Johann Nepomuk.*

O começo e o fim de todas as histórias de amor, seu alfa e ômega, se diferenciam infinitamente, tantas vezes quanto se encontram os pares amorosos, se separam ou são separados.

---

1 Originalmente, em *Saeculum*, v.58, p.145-60, 2006.

* "Es is was eigenes mit diese Lieb'sg'chichten, sie drehen sich doch umm's nämlich herum, aber die Art und Weise, wie's anfangen und aus werden, ist so unendlich verschieden, dass's gar nicht uninteressanr is, sie zu beobachten!". Cf. Johann Nestroy (org.), *Lektüre für Minuten. Gedanken aus seinen Büchern*, p.42. O que Koselleck chama de "lingua alemã neutra" é a escrita corrente do alemão, isenta da falta de terminações do "tom vienense". [N. T.]

E, no entanto, trata-se sempre do mesmo, daquela paixão, que, inspirada pela pulsão sexual, se repete constante e continuamente nas muitas voltas de cada história em particular. Por mais que a pulsão sexual se ajuste de maneira etnicamente diferenciada ou seja disposta e modelada culturalmente de maneiras diversas, a diferença e a tensão histórica impõem a repetição a cada novo começo; sem ela, não (*haveria*) nem nossa sexualidade humana, nem sua história.

Com isso, já nos podemos colocar no centro de nosso questionamento. Os homens enquanto indivíduos, enquanto pessoas que se encontram amorosamente, são tão únicos como creem ser, pois sua paixão destitui a história, é inconfundível, única, particular, como sempre declaram as juras recíprocas. Por trás disso há uma constatação antropológica que, ao longo da história europeia, muda lentamente. "Persona" se referia, como o grego "prosopon", a uma tipologia afirmada, a uma máscara, em que o homem há de se introduzir pela aceitação de um papel. Era aceitável uma mudança de papel, mas não um desenvolvimento do caráter ou da moderna personalidade.[2] Com a individualização do conceito de pessoa e de acordo com ele originou-se o conceito iluminista e romântico de matrimônio, que não mais se relacionava à reprodução objetiva e à segurança de uma família doméstica, mas sim, fundamentalmente, à autoformação subjetiva e autônoma e à ligação de duas pessoas por meio do amor. Outras culturas servem-se de outros modos, em seus ritos, da sexualidade zoologicamente dada. Mas há milhões de anos repete-se a premissa sexualmente determinada,

---

2 Cf. Fuhrmann, Persona, ein römischer Rollenbegriff, em Marquard, Stierle (orgs.), *Identität: Poetik und Hermeneutik*, v.8, p.83-106.

assim como a realização concreta da busca e encontro de pelo menos duas criaturas humanas, ou de mais, que se mantêm inalteradas no plano de uma descrição formal. O que se repete "sempre de novo" em cada caso particular, sem que o caso particular se esgote na repetitividade que o condiciona e ocasiona, está inscrito na sexualidade. As ações e os comportamentos são infinitos, mas a sexualidade a ser atualizada permanece estruturalmente a mesma.

A reflexão que se extraiu da observação de Nestroy é passível de ser generalizada. As pessoas, e Nestroy absolutamente não as menciona, o que lhes sucede, os acontecimentos e conflitos, assim como suas soluções, catástrofes e compromissos são e permanecem únicos e irrepetíveis na ordem do tempo. E a tese que gostaria de desenvolver consiste em que o inscrito ou contido em padrões que se repetem não são, no entanto, idênticos a esses padrões.

Permitam-me um experimento mental que pode nos ajudar a esclarecer a curiosidade de Nestroy naquelas histórias de amor, que, sendo sempre as mesmas, são sempre novas.

Se tudo sempre se repetisse do mesmo modo não haveria qualquer mudança e tampouco qualquer surpresa, no amor ou na política, nem na economia, nem onde quer que fosse. Dominaria um tédio absoluto. Se, ao contrário, tudo fosse novo ou inovador, a humanidade se precipitaria em um buraco negro, sem qualquer ajuda ou orientação.

Por si mesmas, essas proposições logicamente calçadas nos ensinam que nem a categoria de duração, que se afirma pela repetição do mesmo, nem a categoria de acontecimentos diacronicamente justapostos, lida de modo progressivo ou historista, são suficientes para interpretar a história humana. A natureza histórica do homem ou, formulado de maneira teórico-científica, a antropologia histórica se estabelece entre os dois polos da repetitividade constante ou da constante inovação, considerados por nosso experimento mental. Com isso se impõe a pergunta: como *cabe analisar e representar em camadas* as relações em que os dois polos se misturam?

Nosso experimento mental, assim, aponta para que se circunscreva teoricamente todos os acontecimentos pensáveis dentro de histórias possíveis, de maneira que possam ser fixados temporalmente com a ajuda das categorias mencionadas, assim como desse modo se detectem os pressupostos mais duradouros, mesmo as estruturas de repetição, sem as quais não se verificaria acontecimento algum. Todas as mudanças efetivas, mais rápidas, mais lentas ou de longa duração, para especificar as categorias de Braudel, permanecem ligadas à mudança variável entre repetição e singularidade.

Assim se deixa mostrar o que em nossos chamados tempos modernos é realmente novo, o que não repete o que antes existia ou o que já era presente e retorna numa nova configuração. Por fim, seria possível também descobrir aquelas estruturas duradouras que todas as histórias humanas ostentam ou ressaltam, com independência da época ou da cultura em que as definimos. Formulado de maneira mais geral: perguntamo-nos pelo que é peculiar a *todos* os homens, o que é apenas de *alguns* homens ou de um ser humano *em particular*. Então, a diacronia se gradua estratificadamente por superposições que permitem classificações diversas *e* transversais às periodizações convencionais. Conforme as relações de mistura entre repetição e singularidade, que pluralizam as épocas, sem cair numa periodização que pouco ou nada diz, a exemplo do que são "antigo", "médio" ou "novo". Pois o que seja velho, médio ou novo não deriva dessas denominações. As relações de mistura entre repetição e singularidade, de antemão pensadas, dotadas de determinações de conteúdo apropriadas, substituem as três épocas tradicionais que nossos manuais eurocêntricos consagram e que imobilizam nossas cátedras. Seriam alcançadas perspectivas etnológicas que dominam desde as épocas prévias à escrita até nossas chamadas culturas avançadas; ampliar-se-iam comparações intercontinentais e intracontinentais, que bem testemunham as etnogêneses, assim como as migrações, mesclas e processos de fundição das culturas correspondentes e as unidades de ação, até chegar-se aos desafios econômicos, ecológicos e religiosos que abarcam todo o globo, às fraturas e deslocamentos que pedem ações políticas alternativas. Em suma, todas as histórias especiais seriam convocadas a dar sua contribuição à história universal. De todo modo, a antropologia política está adequada a abrir caminhos nessa direção.

Duas advertências esclarecedoras devem ser formuladas antes de tratar empiricamente de estruturas de repetição. Em primeiro lugar, uma estrutura de repetição tem pouco ou nada a ver com a tradicional teoria dos ciclos. Desde Spengler e Toynbee, um ciclo reduz as repetições sempre possíveis em uma figura de transcurso linear e irreversível teleologicamente programada. Uma teoria do tempo se diferencia de um modelo de progresso linear porque este, quase decadentemente, se volta sobre si mesmo. Isso vale para as doutrinas cosmológicas de retorno, desde Platão ou Leibniz e a sua *apokatastasis panton*, embora a ideia não cubra suas doutrinas por completo. Isso vale para a doutrina do ciclo que Políbio deriva de Platão e Aristóteles, segundo a qual, de maneira ideal-típica, todas as formas de constituição política pensáveis e humanamente possíveis se originariam na sequência de três gerações.

À diferença dessas doutrinas de repetição, comparativamente simples e por isso pouco reveladoras, as "estruturas de repetição", sempre possíveis e diversamente atualizáveis, apontam para condições de acontecimentos particulares sempre possíveis de suceder e para suas consequências. Uma teoria estocástica do provável pode atender a possibilidades sempre presentes, cujo cumprimento porém depende de uma série desconhecida de acidentes. Assim se poderia explicar a singularidade em causa ou mesmo sua probabilidade.

Uma segunda observação adverte para atribuições causais. Para cada acontecimento, todo historiador *concebe* tantas razões quantas lhe pareçam críveis ou lhe assegurem a aprovação pública. Nosso modelo mental aponta para uma aporia que se localiza entre as condições de repetição de acontecimentos possíveis e estes próprios acontecimentos, juntamente às pessoas que agem e sofrem. Nenhum acontecimento pode ser suficientemente deduzido de condições sincrônicas ou de pressupostos diacrônicos, sejam eles concebidos econômica, religiosa, política, mental, culturalmente ou de qualquer outra ordem. Há assim inúmeras condições sincronicamente não determináveis e diacronicamente não pressuponíveis que motivam, elegem, liberam e limitam as ações concretas de agentes que concorrem e se enfrentam entre si. Prescindindo-se de motivos heurísticos, a amplitude do espaço aberto de ações impede que se inventem cadeias causais unilineares ou determinantes. São as estruturas de repetição, que sempre contêm mais ou, ao mesmo tempo, menos, que se mostram nos acontecimentos.

As estruturas de repetição, assim, não documentam nenhuma simples repetição do mesmo. Além disso, elas condicionam a singularidade dos acontecimentos, mas não a fundam.

Numa segunda travessia, gostaria de projetar uma panorâmica das estruturas de repetição escalonadas em profundidades diversas. Elas compreendem: (a) condições não humanas de nossas experiências; e, assim, (b) os pressupostos biológicos da vida que compartilhamos com os animais; mais adiante, "(c) as estruturas de repetição específicas dos homens, as instituições", (d) projetemos por fim um olhar sobre aquelas instâncias de repetição contidas nos acontecimentos que sucedem apenas uma vez; (e) tratemos das estruturas de repetição verbais, dentro das quais as referidas repetições ou instâncias de repetição foram geradas e reconhecidas e são ainda geradas e devem ser descobertas.

(a) Depois de assinalarmos as necessidades sexuais do homem, ampliemos nossa visão sobre suas necessidades naturais que possibilitam sua vida. Nomeie-se em primeiro lugar o cosmos que contém os ciclos de translação da Terra em torno do Sol, assim como os ciclos da Lua em torno da Terra, que comanda as estações regulares de nosso cotidiano. As passagens do dia e da noite, assim como as estações do ano determinam no norte e no sul do equador nosso ritmo de sono e vigília e, apesar de todas as técnicas, nossa vida produtiva. A semeadura, a colheita, a rotação do plantio, nos diferentes climas, dependem das trajetórias regulares de nosso planeta. O preamar e a maré alta, como também as mudanças climáticas que remontam à Idade do Gelo, de que já sabemos historicamente, permanecem fixados nas órbitas recorrentes de nosso sistema solar. Nesse sentido, são equivalentes ou semelhantes às experiências primárias de todas as culturas históricas conhecidas. E um dos primeiros resultados das mesmas consistiu, em toda a Terra, pelo cálculo das trajetórias dos planetas, no estabelecimento do calendário, pressuposto daquelas normas de repetição ritualizadas ou racionalizadas, que nos ajuda a organizar nosso cotidiano.

Até o século XVIII inclusive, este cosmos valia como estável, era pensado como criado ou como eterno para sempre. Desse modo, dele se deduziam ou nele podiam ser introduzidas leis temporalmente neutras. Com a passagem do antigo conhecimento da natureza (*historia naturalis*) para história da natureza – desde Buffon e Kant –, modificou-se o *status* temporal de todas as ciências naturais. Mesmo as leis da natureza se estendem entre seu começo e seu fim possível. A cosmologia, a física, a química, a biologia e mesmo a antropologia precisam de suas teorias específicas do tempo para que possam estabelecer suas correlações adequadas entre transcursos únicos e as correspondentes estruturas de repetição. A metacrítica de Herder contra Kant e sua representação formal do tempo como pressuposto empírico de toda experiência nesse entretempo passou a compreender todas as ciências: "Propriamente, cada coisa mutável tem em si a medida de *seu* tempo; e esta é válida mesmo se não houvesse outra; duas coisas do mundo não têm a mesma medida do tempo. Minha pulsão, o passo ou o voo de meu pensamento não é medida de tempo para outros; o fluxo de *uma* corrente, o crescimento de *uma* árvore não é *medida de tempo* para todos os fluxos, árvores e plantas. [...] Pode-se com propriedade e determinação dizer que há no universo incontáveis tempos para *um* tempo [...]".[3] A relatividade do tempo no espectro de múltiplos tempos, como, depois de Leibniz, Herder pensou, adiantando-se a Einstein, e como Friedrich Cramer demonstrou,[4] exige de cada âmbito de conhecimento e de cada experiência determinações próprias e novas das relações entre repetitividade e singularidade, cada vez diferentes, mesmo que possam ser analisadas por processos interdependentes.

(b) Quanto mais a paleontologia penetra na profundidade de milhares de milhões de anos *e* se aproxima de uma cosmogênese, e quanto mais se estreitam os processos microscópicos da química física e biológica até uma engenharia genética, tanto mais se aproximam a história natural dos animais e do homem e permanecem elas separáveis.

Repetições inumeráveis pertencem às premissas da natureza humana, que, em doses diferentes, partilhamos com muitos animais. As diferenças entre os sexos, a reprodução, o nascimento e a morte, como também o dar morte não só à presa como a seus semelhantes, cada maneira de satisfazer às necessidades, antes de tudo prevenir-se contra a fome, impulsiona ao planejamento a longo prazo. Tudo isso partilhamos com alguns animais, mesmo que o homem tenha engastado e convertido culturalmente esses processos fundamentais.

A isso se acrescentam três determinações formais: superior--inferior, interno-externo, anterior-posterior que põem em movimento todas as histórias humanas e impulsionam a tem-

---

3 Herder, "Eine Mekakritik zur Kritik der reinen Vernunft", em *Werke in zehn Bänden*, v.8, p.360.
4 Cramer, *Der Zeitgbaum: Grudlegung einer allgemeinen Zeittheorie*.

poralidade dos acontecimentos. Elas são, por assim dizer, naturalmente pré-programadas.

Limites internos e externos constituem o território de todos os animais, mas também satisfazem a forma mínima de delimitação das necessidades humanas para que se tornem e continuem capazes de agir. No transcurso da história, as determinações de fronteira se multiplicam e se superpõem até a chamada globalização, que, de sua parte, impulsiona novas diferenciações internas na Terra que nos é comum.

As determinações hierarquizantes de superior e inferior, falando no âmbito animal, a lei do mais forte, encontram-se outra vez transformadas em todas as constituições e organizações humanas, inclusive ali onde elas apontam para a igualdade e liberdade de suas partes. Pois a democracia direta como governo de todos sobre todos ainda não se realizou.

A tensão entre anterior e posterior já está naturalmente posta na sexualidade e na reprodução dela resultante. Por mais que se diferenciem *os conjuntos* geracionais sociais e políticos, eles permanecem ligados à diferença naturalmente dada, em razão da qual antes ou depois entrarão nas respectivas unidades de experiência e ação, que ocasionarão as sequências de acontecimentos. O arco de tensão que compreende da infância e da juventude até a velhice é por certo utilizado de modo muito diferente por animais e pelos homens, mas contém o mínimo conjunto comum que encerra em si os conflitos e suas oportunidades de resolução na história humana.

Interno-externo, superior-inferior, anterior-posterior são, por conseguinte, determinações de diferença que, no animal e no homem, podem atingir oposições radicais; em sua formalidade, descrevem estruturas de auto-organização e de possibilidade de ação, que sempre se repetem, enquanto ajudam a produzir sequências de acontecimentos. Nessa medida, elas apontam para a base biologicamente condicionada da antropologia histórica.

Se, em virtude da ciência, da técnica e da indústria sempre surgem mais novidades do que antes, no máximo sonhávamos, a relação entre inovação e repetição de fato – de certo modo, modernamente – se desloca. O entendimento de Rahel Varnhagen, antes válido, é então relativizado: "Não fazemos novas experiências, mas são sempre novos homens que fazem velhas experiências".[5]

(c) Contudo, mesmo se as novas invenções nos compelissem ao cumprimento de novas experiências, a tensão entre inovação e repetição nunca poderia ser erradicada. Com o transcurso da história, apenas muda o grau da relação. As instituições o demonstram. Elas se baseiam puramente nas estruturas de repetição humanas. Apenas sumariamente, mencionaremos algumas.

O *trabalho*, ao qual o jovem Marx reduzia toda a história, depende de repetições aprendidas e desenvolvidas. A aprendizagem do manejo manual se faz a partir de um exemplo que se imita, que assim é repetido e estudado. O trabalho no campo permaneceu por milênios dependente de condições geográficas e climáticas comparativamente estáveis a que caçadores e camponeses tiveram de se adaptar para que pudessem sobreviver. A mudança do trabalho agrícola e manual para a produção ma-

---

5 *Tagebuch*, 15 jul. 1821, citado por Homolka; Böckler (orgs.), *Die Weisheit des Judentums*.

quínica, industrial e capitalista provoca, por assim dizer artificialmente, e renova estruturas de repetição que são anteriores ao produto singularizado. O trabalho em linha de montagem, a fabricação automática e eletrônica de produtos particularizados se alimentam de processos de repetição introduzidos nas instalações de produção correspondentes, bem como da oportunidade de, com base no sucedido no passado, pôr no mercado produtos feitos com um mínimo de repetição. Assim, a ampliação do *oikos* em *oikonomia* nos distintos espaços territoriais, nacionais ou globais reproduz condições constantemente renovadas, sem as quais a economia entraria em falência.

Como todas as instituições, sobretudo o direito se alimenta do uso de sua repetição. A justiça e a segurança jurídica apenas podem se realizar se o direito vigente é cumprido. A mínima confiança necessária no direito depende da reiteração repetida e, portanto, esperada. Por certo, toda a história passada nos ensina que, em cada caso, volta a se exigir uma nova aplicação e instauração do direito. Com o despontar de nossa era, assinala-se um deslocamento que confere a disposições *ad hoc* com força de lei e a leis soberanamente declaradas um peso próprio crescente contra normas prévias ou fundadas em costumes que vigoraram durante décadas ou mesmo durante séculos. Nossas condições aceleradas de vida provocam regulamentações pontuais, mas também de vigência mais curta, cujo incremento cada vez menos assegura a prática da justiça. De qualquer modo, o direito só mantém sua validez e a justiça permanece garantida se uma medida sólida de aplicação reiterada da lei envolver todos os casos que agora surgem.

Isso vale analogamente para todas as outras instituições sociais que se gravam em nosso cotidiano ou o regulam. Para que permaneçam críveis, os dogmas religiosos hão de ser (relativamente) estáveis. Se não ocorrer sua reiterada proclamação, desmorona a comunidade ou a igreja, porquanto a sua crença fora fixada dogmaticamente. O mesmo vale para todos os ritos e práticas de culto que, para permanecerem eficazes, devem ser regularmente repetidos.

Mutatis mutandis, é possível estabelecer uma inter-relação semelhante entre os programas obrigatórios e duradouros de um partido ou de uma organização ideológica e suas ações concretamente irrepetíveis, programas que, sem a determinação repetitiva de seus fins, perdem sua eficácia e credibilidade e, assim, a razão de serem escolhidos.

Também se dispõem no direito aqueles mandatos que forçam o uso repetido de certas leis constitucionais e as protegem de serem alteradas. Assim, nossa lei fundamental* acentua o respeito à dignidade humana e a continuidade da divisão federal de poderes. E as regras de procedimento vigentes em parlamentos, partidos, empresas e organizações fazem parte de premissas temporais constantes, que, em suma, possibilitam processos de decisão únicos e os põem em marcha.

Nos sistemas de trânsito e mediáticos introduz-se, com precisão cada vez maior, uma interação semelhante. O estabelecimento de dotações orçamentárias e daí a estipulação de horários asseguram ao longo do ano o cumprimento dos serviços públicos. Todas as vias de circulação terrestres, marítimas e aéreas são assim estabelecidas e, se possível, inter-relacionadas, de modo que possam ser continuamente utilizadas. A notícia

---

* Evidentemente, Koselleck se refere à constituição da República Federal da Alemanha. [N. T.]

fúnebre trazida pelo carteiro é única, mas, para que seja comunicada em um tempo estabelecido, depende de uma transmissão e de uma execução regularmente repetidas.

Por certo, graças à telegrafia, ao telefone e ao computador, as forças de condução das pessoas aumentam cada vez mais, contudo, toda a rede eletrônica também cada vez mais assegura a circulação contínua de emissão e recepção. A repetitividade comunicativa funde-se desde então com a totalidade dos usos individuais. Não no sistema de trânsito, mas na comunicação interpessoal, os pressupostos sincrônicos convergem crescentemente com as mediações individuais. Com o telefone celular, a imagem passível de se transmitir simultaneamente com a mensagem é tanto para o emissor como para o destinatário idêntica ao acontecimento simultâneo que só assim ocorre.

(**d**) Até agora consideramos condições sincrônicas de acontecimentos possíveis – sejam elas dadas com independência do âmbito humano, sejam de igual biologicamente aplicadas a animais ou a homens, sejam geradas exclusivamente pelo homem por meios institucionais; acrescentem-se agora alguns pressupostos diacrônicos próprios ao curso de acontecimentos. Pode ser surpreendente que também os acontecimentos, que, *per definitionem*, pressupõem ou provocam sua própria irrepetitividade ou mesmo sua singularidade, conhecem regularidades repetíveis. Em sua anatomia comparada das revoluções inglesa, francesa e russa, Crane Brinton oferece um modelo dos processos que, ordenados graficamente, destaca a repetitividade diacrônica de acontecimentos semelhantes.[6]

------

6 Cf. Brinton, *The Anatomy of Revolution*.

Acrescentem-se três exemplos. Eles se referem à profecia, ao prognóstico e ao planejamento. Sempre se trata de cálculos sobre o futuro, cuja demonstrabilidade depende da repetitividade de prévias sequências de transcurso.

As *profecias* podem se apoiar em cálculos astrológicos das posições recorrentes dos planetas em função de suas trajetórias, cujas consequências astrais são incluídas em diagnósticos pessoais ou políticos. Ou as profecias se baseiam no texto bíblico, revelado de uma vez para sempre. Pela combinação do Velho com o Novo Testamento, daquele texto derivou um sistema inventivo, elaborado durante séculos, de expectativas apocalípticas ou de curto prazo, constantemente invocáveis e, assim, repetíveis. A lei da repetitividade das expectativas bíblicas depende da crença de que cada profecia não realizada reforça a probabilidade de que se cumprirá no futuro. O não ter se cumprido no passado faz crescer sua probabilidade. Dessa maneira, as profecias não realizadas mantinham seu direito a suceder no futuro. Essa *manifestatio Dei* teológica conduziu, na história, de Bengel e Oetinger à *Fenomenologia do espírito*, de Hegel, para, por fim, com o *Manifesto comunista*, de Marx e Engels, ligar as pontas de uma certeza, à prova de erros, na vitória final da luta de classes. Depois de um século e meio de profecias complementares e compensatórias, essa certeza se derreteu.

Se bem que, do ponto de vista da história das experiências, os *prognósticos* procedam das profecias ou permaneçam com elas entrelaçados, são eles fundamentalmente distintos dos anúncios proféticos de longa duração. Pois um prognóstico aponta para acontecimentos únicos de ordem política, social ou econômica, que podem ou não se cumprir. Apontam para acontecimentos futuros realizados pela ação humana, que, enquanto fatos vindouros, são comprovados apenas uma vez. Todas as variantes alternativas transcorrem quando os acontecimentos sucedem. Falando como Leibniz, trata-se portanto de uma verdade factual única, uma *vérité de fait*, em oposição às *vérités de la raison*, repetíveis e, assim, duradouras.

O surpreendente está em que os prognósticos, tematizados tendo em vista um acontecimento único, também contenham pressupostos repetíveis, encaminhem para um futuro possível, que não se esgota em um único acontecimento, realizado por pessoas únicas. Trata-se portanto, junto com outros inúmeros tipos, de um prognóstico condicional repetível. Tome-se um exemplo.

Depois de sua sangrenta derrota em Kunersdorf, em 1759, Frederico, o Grande, escreveu um ensaio sucinto sobre Carlos XII, da Suécia, que, exatamente meio século antes, sofrera uma derrota arrasante em Poltava, ante Pedro, o Grande, da Rússia. Daí, Frederico formulou uma predição duradoura: que todo aquele que, a partir da Europa ocidental, se atrevesse a avançar rumo *ao leste*, sem levar em conta as condições geográficas e climáticas, sofreria o corte de suas linhas de abastecimento e reforço e perderia qualquer chance de vitória. Se Napoleão ou Hitler tivessem lido esse texto e compreendido a ameaça que continha, não teriam começado suas campanhas contra a Rússia, empreendidas com premissas logísticas semelhantes. Nas batalhas de Moscou e Stalingrado, *Napoleão e Hitler* encontraram sua Poltava.

Só a destruição potencial da Rússia no lapso de trinta minutos, desde Leningrado até Vladivostok, supera o prognóstico de repetição de Frederico, mesmo se não por completo. Ainda permanece válida a advertência do rei prussiano ante o risco de que se expanda em demasia a esfera de poder de uma unidade europeia de ação.

Nosso terceiro exemplo concerne ao *planejamento* de acontecimentos futuros que devem ser produzidos pelas próprias ações. Eles dependem necessariamente de transcursos passados, nos quais estão contidos pressupostos repetíveis no futuro possível. Em setembro de 1939, Hitler não pretendia desencadear uma "Segunda Grande Guerra", mas sim evitá-la. Queria a guerra, mas não aquela em que efetivamente combateu. Celebrou o pacto com Stálin para evitar uma segunda frente militar como a da Primeira Grande Guerra. E assim teve êxito – tanto mais por conseguir com os rápidos resultados na frente ocidental a revisão planejada da Primeira Grande Guerra. Quando, ao contrário, desencadeou a guerra contra a Rússia, desdenhou as lições de 1709 e 1812 e, em seu lugar, procurou extrair um planejamento de três acontecimentos próximos – a história ensina tudo, inclusive o contrário. Em primeiro lugar, Hitler podia invocar os anos entre 1914 e 1917, em que se dera uma derrota inequívoca do império czarista, em consequência das duas revoluções russas. Em segundo lugar, levava em conta que o assassinato quase completo do Politburo e dos grandes chefes militares deixara a União Soviética sem a sua elite dirigente. Em terceiro lugar, o quanto a Rússia se tornara uma potência militar impotente parecia demonstrado pelo resultado humilhante obtido por Stálin na campanha que lançara contra a pequena Finlândia. Os êxitos iniciais na campanha da Rússia pareceram a Hitler confirmar dados orientadores derivados do passado recente.

O exemplo basta para o planejamento racional das estruturas de repetição, ainda que não se possa racionalmente explicar a guerra de Hitler contra a União Soviética e, por acréscimo, contra a Grã-Bretanha e os Estados Unidos. A cegueira utópica e o terror fanático contra os doentes mentais, os judeus, os ciganos, os eslavos e outros eugênica ou racialmente definidos como sub-homens suprimem qualquer critério racional que pudesse aqui contribuir para um modelo de planejamento.

Nossas reflexões sobre as estruturas de repetição na história partiram de posições extremas: as mudanças históricas não são explicadas nem pela repetição permanente, nem pela inovação constante. Ambos os pontos de partida são obrigatórios para que se considerem as relações mescladas correspondentes. Daí se extraem duas consequências inter-relacionadas: justamente quando uma situação deve se manter estável é preciso, na medida do possível, mudarem-se as condições em que a estabilidade se deu. E, inversamente, quanto mais amplo é o lapso em que se mantêm os pressupostos condicionantes de uma situação, tanto mais rapidamente ela se modifica.

Talvez nossos exemplos expliquem por que é assim. Por conta das diferentes velocidades de mudança que mostram, em sentido cronológico, as séries sincrônicas de acontecimentos, no campo político, militar, social, mental, religioso ou econômico, evidenciam-se estruturas de repetição analiticamente diferenciáveis, que, por sua parte, provocam outras séries de acontecimentos. Permanecem, portanto, deslocamentos, descontinuidades, rupturas, erupções, revoluções para as quais, para ficarmos na metáfora geológica, dada nossa dependência da história terrena, não temos escapatória.

(e) Essa metafórica nos leva à nossa última questão. Ela concerne às estruturas de repetição na linguagem. Toda metáfora, no sentido amplo do termo, nos ensina que o potencial comparativo de uma figura de linguagem deve ser pressuposto pelo ouvinte, assim como pelo falante, para que possa ser compreendido e transmitido. Para que a frase, a princípio sem sentido, "Alexandre é um leão", se torne compreensível, é preciso que Alexandre seja valente, denodado ou vitorioso como um leão. Com independência da múltipla procedência psíquico-verbal ou etnológica da metáfora, para que se torne eficaz ela depende do conhecimento verbal prévio e de seu emprego repetido. Nenhuma frase falada ou lida é compreensível se já não for antes verbalmente conhecida, se não remeter à pré-compreensão, no sentido de Gadamer. Mesmo a novidade, o conhecimento novo, a nova descoberta, o antes desconhecido pode conduzir ao conhecimento se a linguagem até agora herdada permitir que se expresse.

É de fato possível que faltem inovações puramente verbais para que fenômenos absolutamente novos encontrem um novo conceito. As fórmulas da linguagem da física atômica, da engenharia genética ou da eletrônica o testemunham diariamente. E, no entanto, as próprias mudanças puramente verbais, por assim dizer geradas de maneira verbal-imanente, que, portanto, podem provocar o deslocamento semântico de conceitos vizinhos ou repercutir na sintaxe ou em todo o sistema verbal, são passíveis de êxito apenas quando se tornam compreensíveis e se encaixem no acervo verbal vindouro analogamente a formações verbais preexistentes.[7]

---

7 Saussure, *Linguistik und Semiologie: Notizen aus dem Nachlass. Texte, Briefe und Dokumente*; assim como Coseriu, *Synkronie, Diachronie und Geschichte. Das Problem des Sprachwandels*. Coseriu reuniu as oposições antes estabelecidas por Saussure entre *fala* e *língua*, *diacronia* e *sincronia*, *linguagens* e *língua*, *movimento* e *sistema* na "linguagem estrutural".

A tensão entre repetição e inovação singular, que até agora mostramos nas muitas histórias, também determina a multiplicidade das linguagens em suas articulações geográficas, sociais, históricas e de outro tipo. Com isso se assinala que as mudanças tangíveis nas histórias e nas línguas não têm uma correspondência necessária. Isso não é permitido pelo caráter dual de toda língua: por um lado, ela aponta para estados de coisa fora dela mesma, por outro, se subordina às suas próprias regulações e inovações linguísticas. Cada um dos aspectos remete ao outro, se condicionam reciprocamente, mas nunca convergem totalmente. O caráter referencial, de remissão ao mundo da linguagem, por um lado, e sua força de formulação própria e inerente, por outro, podem se estimular reciprocamente, mas sempre as histórias externas do mundo contêm ou mais ou menos do que é possível dizer verbalmente sobre elas – do mesmo modo como, inversamente, cada discurso diz ou mais ou menos do que efetivamente é ou foi o caso historicamente sucedido.

Expostas essas reservas metodologicamente impostas, podemos ousar algumas afirmações que iluminam a relação entre repetição e singularidade na inter-relação entre linguagem e história.

É por certo benéfico diferençar sintaxe, pragmática (ou retórica) e semântica, pois cada uma tem uma velocidade de mudança própria e diferenciada. A sintaxe ou a gramática são há muito tempo comparativamente estáveis, ao passo que a semântica, em função de exigências externas, é obrigada a se adaptar com rapidez. Se pararmos um momento da história política ou militar ocasionalmente acelerada aprenderemos sobre o hiato que se enraíza entre a história material e a história verbal. A mudança política, sempre induzida *ex ante* verbalmente e registrada *ex post* verbalmente, realiza-se com mais rapidez do que a mudança verbal, pois esta está contida naquela, mas não lhe é simultânea. Só a semântica é politicamente atingida e, ao passo que ela se acomoda à linguagem da propaganda, a sintaxe e a pragmática por tempo muito mais longo permanecem inalteradas. Lembre-se apenas da semântica vitoriosa do nacional-socialismo durante a guerra, que ressoou no discurso pacificista da *re-education* ou no *staccato* sedutor do noticiário radiofônico e televisivo, que perdurou após a derrota alemã, até ser substituído por um estilo novo e suave. O modo de falar e a semântica da língua alemã sobreviveram por um longo lapso de tempo à catástrofe política, militar e social. Ambas duraram muito além do sistema nacional-socialista. Mas, apesar das palavras belicistas vomitadas pela propaganda nacional-socialista, a língua alemã se modificou estruturalmente no interregno durante 1933 e 1945. Responsáveis por sua mudança e pelas nuances de seu significado não são as palavras, mas sim os falantes.

Sob os deslocamentos temporais entre os atos agudos de enunciação e a história de maior duração da língua anuncia-se o problema geral da retórica que atua em cada caso a partir de argumentos repetíveis. Heinrich Lausberg[8] assinalou a respeito: os *topoi* retóricos são supravalorizados quando se compreendem como únicos ou inéditos e não como recorrentes; são, ao contrário, infravalorizados e sua compreensão é falha se são interpretados como fórmulas vazias. O que é válido para a retórica

---

8 Lausberg, *Elemente der literarischen Rhetorik*, p.39.

faz-se também válido para toda a pragmática: trata-se sempre de diferençar entre inovação e estruturas de repetição, de equilibrar uma contra a outra para chegar-se a um julgamento objetivo. O caráter de unicidade de um discurso determinado e exitoso ou a singularidade de uma nova modalidade de demonstração dependem da arte de retomar e combinar elementos verbais repetíveis e antigos para que se escute algo único ou novo. Para isso é preciso que nos representemos a diferença entre configuração verbal e estado de coisas. A ordem de matar ou sua aprovação não é idêntica à própria morte.

A afirmação antropologicamente duradoura e repetível, a mortalidade de cada um de nós, pode se estender tanto do ponto de vista verbal como da realidade – como, por que e onde sucede a morte de alguém – sem que se alcance o evento da morte de alguém. Daí que a semântica, em comparação com a sintaxe, antes e mais velozmente entrem em crise de credibilidade. A diferença entre a linguagem e a história material está insuperavelmente posta. Daí podermos mencionar um exemplo inquietante da história conceitual alemã.

Em sua versão da Bíblia, Lutero traduziu o termo "berith", no sentido veterotestamentário de aliança de Deus com seu povo, na acepção alemã de "Bund". Essa palavra era um neologismo feliz da história constitucional passada e exprimia, como singular coletivo, a consumação institucionalizada de acordos dentro de um estamento ou entre estamentos. Na Idade Média tardia, o termo adquirira um peso jurídico crescente até que Lutero lhe deu uma acepção univocamente teológica. Uma aliança (*Bund*) não podia ser instituída pelos homens, mas apenas estabelecida por Deus. A nova mensagem teológica absorvia por completo a significação jurídica. Daí que o termo perdia, para a linguagem luteranamente impregnada, seu grau político-constitucional e o que aparece em nossos manuais escolares como a *Schmalkaldische Bund** nunca teve essa designação. Era uma aliança defensiva pragmático-secular de príncipes de confissão protestante e não criada por Deus. A explosiva e revolucionária mistura político-teológica *é* conceitualizada em inglês pelo termo "covenant" (pacto solene e irrevogável). O quanto a semântica de *Bund* permaneceu teologicamente impregnada, apesar de todos os usos político-constitucionais e sociais que se disseminaram no Iluminismo, mostra o encargo que Marx e Engels receberam em 1847: deviam redigir uma "confissão de fé da Liga dos Comunistas". Eles recusaram tal preceito de repetição teológica. Em seu lugar, formularam um texto novo e seminal, que excitaria e projetaria suas sombras no século e meio vindouro: *O manifesto do Partido Comunista*. A confissão de fé foi substituída por uma manifestação histórico-filosófica e a aliança divina por um partido polêmica e conscientemente unilateral.

Uma força de impulsão semântica centenária e de origem teológica foi amputada por um regime verbal inovador e, mediante o preço de uma simples repetição, levada a novas órbitas. Por certo, pela utilização verbal marxiana manifesta-se a velha escora teológica alemã. A marcha antes afirmada de Deus pela história, a *manifestatio Dei*, também emprestou ao programa do novo partido uma margem de crença aparentemente surpreendente.

---

* Schmalkaldig é uma pequena cidade na Turíngia, de que deriva a expressão "Schmalkaldische Bund", que Koselleck logo explica. [N. T.]

Assim nosso último exemplo comprova que não pode haver inovação alguma, verbal ou material, por mais revolucionária que seja, que não permaneça ancorada em estruturas de repetição prévias.

2
Sobre o sentido e o não sentido da investigação história (Geschichte)[1]

a Dieter Groh, no seu aniversário de 65 anos

Quem exige que a história (*Geschichte*) tenha sentido, deve-se expor à pergunta: qual é propriamente o conceito contrário: o não sentido (*Unsinn*) ou a ausência de sentido (*Sinnlosigkeit*)? Para a escolha de uma alternativa, deve-se decidir de antemão o que se concebe como "sentido". Porquanto ausência de sentido é uma expressão neutra que evita a questão do sentido, inclino-me a defendê-la para a história. "Não sentido", enquanto negação de "sentido", permanece relacionado ao âmbito do sentido. "Ausência de sentido", ao contrário, abre para outra dimensão que supera a de uma ciência da história (*Geschichtswissenschaft*) que se vê obrigada a procurar o sentido e, com isso, *eo ipso*, também o não sentido na história. Assim, aqui não se debate o sentido ou não sentido da investigação histórica (*Historie*) como ciência, conquanto ela aprecie captar o chamado sentido da história (*Geschichte*), dosando-o com diversas censuras.*

---

1 Originalmente em *Merkur*, v.51, p.319-34, 1997; republ. em *Vom Sinn und Unsinn der Geschichte*.

* Embora já as páginas próximas explicitem a diferença entre *Geschichte* e *Historie*, para evitar o embaraço do leitor do texto traduzido, opto

I

Há uma coleção de cartas de soldados de Stalingrado que não regressaram cujas notícias — por assim dizer, necrológios escritos por eles mesmos — foram trazidas à Alemanha pelos últimos sacos postais.[2] Goebbels não distribuiu as cartas, na esperança de poder editar uma seleção de cartas heroicas, que deviam testemunhar o heroísmo dos que desapareceram. Esses quatro ou cinco sacos, que continham milhares de cartas que não chegaram a seus destinatários, agora legam uma enorme quantidade de interpretações que procuravam em vão dar um sentido à catástrofe. A escala de variantes vai do desespero absoluto, passando por comentários sarcásticos e observações irônicas até ditos humorísticos cínicos sobre quem será o próximo a ali morrer, e indo de informes letárgicos e sóbrios até manifestações de humildade ou de devoção profunda. Dominam o desamparo e o desvalimento e acham-se poucas confissões de fidelidade ao sistema nacional-socialista cujas palavras de perseverança dominavam na esfera pública oficial. Estamos assim diante de um espectro de percepções disseminadas em torno de um acontecimento decisivo sobre o qual nesse entretempo seremos ensinados por milhares de livros, filmes e gravações. Aquilo que hoje estamos em condições de interpretar como ausência de sentido ou de qualquer modo como sem sentido (*Unsinn*), os testemunhos contemporâneos, antes de

---

por colocar entre parênteses o termo alemão referido. Faço-o do mesmo modo com *Unsinn* (não sentido ou sem sentido) e *Sinnlosigkeit* (ausência de sentido). [N. T.]

2 *Letzte Briefe aus Stalingrad.*

morrer, procuravam em vão se fundar em um sentido – o que a realidade da batalha não admitia. O irritante dessa perturbadora coleção de fontes é ser ela uma falsificação. Era alguém a serviço da propaganda chefiada por Goebbels que teve conhecimento dessas últimas cartas, mas aquelas que publicou saíram evidentemente de sua própria mão. Sua divulgação teve duas edições, seu organizador permaneceu anônimo e minha própria pesquisa em romper o seu segredo não teve êxito, pois ele morrera havia muito. Os indícios que desmascaram o falseamento como tal não precisam ser aqui destacados. O espantoso está em que o próprio falseamento tenha tido tal repercussão. A ficção exitosa das cartas chegou a ponto de contar com a concordância dos leitores de que em Stalingrado dominara a "ausência de sentido" e que ela também fora experimentada pelos ali afetados. Manifestamente, o círculo de leitores partilhava retrospectivamente do mesmo horizonte de expectativa que o falsificador, estilisticamente competente, distendia. Ali se fundiam todas as implicações ideológicas da linguagem da propaganda de então.

Só um motivo poderia retrospectivamente conceder uma finalidade racional ao "sentido" de Stalingrado: pois se tratava de um motivo puramente histórico-militar. Através do desastre do 6º Exército alemão tornou-se possível que as tropas que se mantiveram no Cáucaso pudessem escapar em tempo, ou seja, no curso daqueles dois meses em que o caldeirão de Stalingrado se apertou e foi destruído. Segundo essa perspectiva, a morte dos soldados de Stalingrado permitiu a sobrevivência daquelas tropas que puderam salvar-se pela travessia do Don. Com efeito, seria presunçoso pretender vislumbrar nesse objetivo secundário de um combate mortal o sentido primeiro da batalha de Stalingrado.

Inserida no contexto completo do curso da guerra, a batalha de Stalingrado hoje se apresenta como peripécia, como o começo do fim da guerra mundial alemã. Os historiadores políticos e militares discutem se a peripécia não deve ser situada antes de Moscou, 1941, ou até bem antes, na decisão do ataque contra a Rússia, sem que então isso fosse possível ver. Não será preciso aqui nos ocuparmos com a pergunta fascinante — formulada particularmente por Ernst Topitsch[3] — sobre se a campanha contra a Rússia era racionalmente fundada: como ataque preventivo contraposto às intenções expansionistas de Stálin, e isso ainda no horizonte da experiência da vitória alemã sobre a Rússia, em 1917. Pois, numa visão de longo prazo, a peripécia do curso da guerra pode ser localizada antes da declaração de guerra em 1939, pois, tendo em conta a constelação política mundial, o fracasso já se mostrava em seu começo. Portanto, toda a guerra não só de antemão teria sido sem sentido (*sinnlos*) como também do ponto de vista de cálculos racionais e de eufemismos finalísticos ausente de sentido (*unsinnig*). Assim, Stalingrado converte-se em sintoma daquela guerra de agressão utopicamente motivada, que, em seu curso, levou à Segunda Grande Guerra, e que, provocada por motivos ideológicos, dela estava ausente uma racionalidade política ou militar. O critério da ausência de sentido funda-se na crítica da ideologia baseada nos planos raciais e de expansão territorial de Hitler, já publicamente declarados no *Mein Kampf*.

Próximo a esse critério, concebem-se outras interpretações para buscar sentido, por exemplo, teologicamente baseadas. Uma vez trasladadas ao campo das interpretações teológicas,

---

3 Cf. Topitsch, *Stalins Kriegs: Moskaus Griff nach der Weltherrschaft*.

todos os acontecimentos são carregados de sentido se cada um deles for explicado com argumentos teológicos. Se uma pessoa bondosa é recompensada, é uma dádiva celestial; se é castigada, é uma advertência. Se a má é agraciada, é igualmente uma advertência, pois no desígnio divino tudo pode ser resgatado pelo avesso do que parece ser; se, afinal, a má é castigada, trata-se de uma justiça compensatória. Assim, teologicamente, tudo é dotado de sentido e há uma pletora de argumentos semelhantes a acompanhar todas as guerras. Por exemplo, na Primeira Grande Guerra, jornais católicos foram além da interpretação tradicional, segundo a qual ela devia ser suportada como castigo divino pela soberba humana. Para o crente, a consistência de tais interpretações não é contestada, mesmo que não consiga apresentar nenhum argumento racionalista, no sentido de enunciados cientificamente controláveis. Para um crente, permaneciam irrefutáveis; para falar com Popper, punham-se fora do discurso científico.

Um outro método para se indagar sobre o sentido da batalha de Stalingrado consistiria, como já se esboçou, na reconstrução de todo o plano militar. "Stalingrado" se mostra como o resultado de um erro descomunal: não só de um planejamento utopicamente exacerbado como de um erro racional, que prova de antemão que a batalha não tinha sentido (*unsinnig*). Quem conheça Frederico, o Grande, e seus escritos sabe das vinte páginas sobre a história de Carlos XII, da Suécia, que encontrara sua Stalingrado em Poltava.[4] Em poucas páginas, Frederico de-

---

4 "Réflexions sur les talents militaires et sur le caractère de Charles XII, roi de Suède", com tradução em Kunish (org.), *Aufklärung und Kriegserfahrung: Klassische Zeitzeugen zum Siebenjährigen Krieg*, p.547-87.

monstrava que uma potência europeia não podia ganhar uma guerra contra a Rússia. Se Napoleão e Hitler tivessem lido o texto que Frederico escrevera em 1759, nunca teriam sequer começado sua guerra contra a Rússia, apesar da experiência contrária de 1917, a que pelo menos Hitler e seus generais podiam se ater. Mas Frederico, que não era desprovido de talento tático e estratégico, infelizmente não propiciou aos que o seguiram seu argumento racionalizador. Se tivesse ocorrido o contrário, talvez, milhões de soldados mortos e ainda milhões de civis teriam sido poupados.

Acrescenta-se um outro aspecto na história da recepção de Stalingrado, que recebera uma nova interpretação pela querela dos historiadores.* O sentido ou a finalidade da batalha de Stalingrado se esclarece pelo aniquilamento dos judeus, levado a cabo na mesma época? Formula-se a pergunta: Stalingrado intensificou ou freou a matança dos judeus? Evidentemente, trata-se de uma intensificação dos excessos do extermínio, pois Stalingrado pressagia as ações paralelas em curso em Maidanek, Treblinka, Auschwitz e semelhantes, sem que as freie.

Caso se tome como ponto de partida que a peripécia de toda a guerra já estava contida em seu começo, verifica-se o inter--relacionamento entre Stalingrado e o extermínio dos judeus. Caso se ressalte a batalha de Stalingrado na pura sequência militar da guerra como resultado do ofuscamento racional e se se

---

* "Historikerstreit": debate que, nos anos de 1986-1987, se estabelece e envolve não só historiadores, em que se discutia sobre os crimes cometidos pelo nacional-socialismo, incluindo aqueles que os negavam. [N. T.]

reconhece o extermínio dos judeus como o que, estando além dos ideologemas nacional-socialistas, sempre foi, ou seja, como fato sem sentido, melhor ainda, absurdo, em ambas as sequências se reconhece, conquanto diferenciadas, uma raiz comum, anterior à guerra. Entre si contemporâneas, ambas as cadeias de acontecimentos não se relacionam causalmente: não se combateu até o fim em Stalingrado porque as ações de aniquilamento se cumpriam na retaguarda e Stalingrado não teve lugar para que possibilitasse Auschwitz. Mas ambos os acontecimentos têm seu fundamento comum na ideologia de redenção ávida de vítimas e de extermínio racial, que se condicionou e fortaleceu pela concepção de mundo nacional-socialista. Se, assim, a zoologia política como decisão fundamental de Hitler precedeu suas decisões particulares e se a doutrina racial da ideologia alemã nacional-socialista tinha uma longa pré-história, então os lugares de ambas as cadeias de acontecimentos se coagulam em nomes simbolicamente carregados, sem que cada um dos acontecimentos seja derivado do outro.

Em seu pronunciamento ao povo alemão, no outono de 1942, Thomas Mann, já informado da morte dos judeus por inalação de gás, testemunha o quanto a semântica racial se impregnara da própria burguesia. Ele chamava os responsáveis daquele ato de "cafres-SS" e "SS-hotentotes",[5] para o que por

---

5 Cf. Mann, "Deutsche Hörer! Funfundfünfzig Radioendungen nach Deutschland", transmissão de 27 de setembro de 1942, em *Gesammelte Werke*, v.11: *Reden und Aufsätze 3*, p.1053: "Há um documento exato e autêntico sobre a morte de nada menos que onze mil judeus poloneses por inalação de gás. Foram trazidos a um campo especial de execução em Konin, no distrito de Varsóvia, encerrados em carros hermeticamente fechados e em quinze minutos convertidos em

certo o uniforme negro das tropas da SS não bastava para justificar a constelação metafórica etimologicamente desprezível. As decorações racistas dominam profundamente no acervo verbal da burguesia educada. Fazem parte do conjunto de condições que possibilitou a catástrofe.

Caso se olhe o outro lado, o lado soviético, verifica-se de imediato que os soldados ali tinham de enfrentar o mesmo frio, a mesma fome, o mesmo medo, antes de talvez procurar dar um sentido à batalha. Milhares de desertores foram fuzilados no lado russo. Evidentemente, o padrão propagandístico de liberação dos "porcos" e "bárbaros" alemães não foi suficiente para motivar os soldados ao compromisso de morrer e a que não procurassem desertar. Mas, em termos contabilísticos, a coluna do haver foi elaborado *ex post*, de modo que os desertores desse lado, ao contrário do que sucedia entre os alemães, não podiam ser objeto de comemoração.

A recepção da batalha de Stalingrado não transcorreu na Rússia de maneira unilinear quanto à ideologia da liberação, que é imediatamente compreensível. Enquanto Stálin viveu, não se concedeu a Stalingrado culto algum de liberação, como se praticara nas regiões conquistadas pela União Soviética, na Europa. O gigantesco monumento comemorativo inaugura-

---

cadáveres. Tem-se a descrição acurada de todo o processo, os gritos e súplicas dos imolados e os risos indulgentes dos SS-hotentotes, que se divertiam com a execução". A expressão "cafres-SS" não é atestada neste contexto. De todo modo, Thomas Mann fala em "cafres sanguinolentos" algumas semanas depois, em sua alocução radiofônica de 24 de outubro de 1942, com referência a Baldur von Schirach e a seu discurso ao "congresso da juventude europeia" nacional-socialista, em Viena (ibidem, p.1057).

do em Volgogrado, depois da morte de Stálin, ou seja, o culto ainda hoje praticado à vitória na batalha, é um culto especificamente posterior a Stálin. A mensagem, que continua a ser emitida até a virada do regime, promove uma hierarquia dos heróis mortos, cujos nomes apenas seletivamente são recordados. Não se consideram todos os mortos, mas sim uma seleção que deve ser estilizada como modelo para os heróis do trabalho. Como Sabine Arnold comprovou, a vitória em Stalingrado é funcionalizada como farol para a luta pela produtividade, pois essa luta devia ressaltar o processo pacífico do comunismo até a vitória final.[6] Adotava-se o jargão militar para converter-se a luta heroica dos soldados na luta heroica dos trabalhadores para intensificar sua produção, ou seja, na superação das cotas previstas de produção. Isso se torna a mensagem principal que se pretende tirar dos que participaram e sobreviveram a Stalingrado — até que a virada do regime provoque dúvidas se a mensagem continha um pleno sentido para que fizesse lembrar os mortos incontáveis da batalha (que naturalmente continuavam a ser chorados).

Até aqui extraímos do acontecimento complexo algumas das significações com que Stalingrado é descrito. Em nosso contexto, trata-se apenas de derivar algumas consequências, que, *mutatis mutandis*, podem ser inerentes também a outros casos. Apenas para os russos essa batalha tinha o "sentido", na acepção de cumprimento de um fim: ela foi o primeiro grande golpe para liberar seu país dos invasores alemães. Para os alemães, contudo, o sentido ou a finalidade da batalha não era

---

6 Arnold, *Stalingrad im sowjetischen Gedächtnis*.

esta, que, por todos os lados, deve ser admitida como meta secundária, a de operação militar de descompressão. Tão logo nos perguntamos sobre os dois lados, extrai-se da batalha uma mesma resposta: a de um massacre macabro. Qualquer instituição posterior de sentido, como a estabelecida pelas instâncias políticas que requerem o monopólio da interpretação, se perde ante a evidência das centenas de milhares de mortos. Assim, se entendemos o sentido na acepção de uma entelequia ou de uma teleologia *ex post* ou como o simples cumprimento de *causa finalis*, todas essas instituições de sentido só concedem a todos os participantes terem feito parte do acontecimento. E a crença em tais sentidos leva à relação inversa com o absurdo, exposto ali, no Volga. As cinco décadas transcorridas não foram bastantes para compensar a falta de sentido ou o absurdo, fosse entre os russos que estilizam sua vitória e a estabelecem como ponto alcançado do programa para a revolução mundial, fosse para os alemães que resgatam a batalha em uma autocrítica moralista, vinda muito tarde para superar a ausência de sentido do passado por um sentido *ex post*. Esta é a situação absurda em que a história da recepção de Stalingrado faz que nos encontremos.

Pode-se assim dispor de uma primeira tese: a história (*Geschichte*) de que aqui se informa, se se prescinde de critérios de racionalidade tática e militar, que sempre mantêm sua evidência situacional, é em si mesma irracional. A totalidade histórica (*Gesamtgeschichte*) permanece irracional. Racional é no máximo sua análise. O absurdo, o aporético, o insolúvel, o sem sentido e o paradoxal, que aqui comprovamos no complexo da batalha, são, com efeito, analiticamente levados a um conceito e, pela narrativa, trasladados para a percepção. Precisamos da narrativa para comprovar o aporético, para fazê-lo inteligível, mesmo que não se possa fazê-lo racional ou conceitualizável. O que é conceituado depende apenas da análise *ex post*. Análise e narrativa se completam uma à outra para aguçar nosso julgamento, para, em suma, noutras palavras, nos ensinar a passar por cima da ausência de sentido (*Unlosigkeit*). Quais consequências gerais derivam dessa história do efeito e da recepção multiestratificada?*

II

As próprias histórias (*Geschichten*) sempre e tão só se consumam por meio da percepção dos participantes. As representações dos agentes do que têm de fazer ou deixar de fazer são os elementos a partir dos quais, refreados perspectivisticamente, se encaixam as histórias. Representações, formações da vontade, desejos, gerados verbal ou pré-verbalmente, o verossímil e o tido como certo ingressam em conjunto na situação em que o acontecimento se cristaliza. O que os diversos agentes têm como real em uma história, assim como ela se origina e se consuma *in actu*, constitui pluralisticamente a história (*Geschichte*) vindoura. Trata-se, assim, de uma perspectivização interdependente de todos os participantes, que sempre supõe uma seleção consciente para que a percepção e a ação se tornem possíveis. Enquanto acontecimentos se entrelaçam ou incidentes se unem, conflitos se desfazem para que logo irrompam, não

---

* A referência e a própria distinção entre *Wirkungs- und Rezeptionsgeaschichte* mostram a atenção cuidadosa do autor em considerar as estéticas do efeito e da recepção de W. Iser e H. R. Jauss, respectivamente. [N. T.]

há uma realidade comum que pudesse ser percebida da mesma maneira pelos diversos participantes. A história da percepção é sempre pluralisticamente fraturada. Assim se realiza a "história" (*Geschichte*), à medida que os incidentes se superpõem para o que mais tarde será chamado de uma história. Pode-se mesmo ir tão longe a ponto de se dizer que as realidades, como são percebidas, com respeito ao que de fato será o caso, são já e sempre realidades equivocadas ou mesmo falsas. Aquelas realidades que se percebe, devido à sua subtração perspectivística, nunca são assim resgatáveis do modo como são percebidas. O que depois se pensa nunca é igual ao que ocorreu, simplificando Wilhelm Busch, sempre lidamos com realidades deficientes. A realidade dos incidentes consiste *in actu* em realidades deficientes.

Uma tese subjetivista extrema poderia ser derivada do resultado supra. Ela consistiria em que cada história abrange a multiplicidade de suas percepções – à semelhança do que sucede nos romances de Faulkner. A história factual seria portanto factual apenas enquanto em cada caso for tomada como verdadeira, for tida como verdadeira e apenas nessa medida se faz verdadeira.

Outra consequência dessa hipótese subjetiva da percepção se encontra na teoria de Hayden White, que esgota a realidade em sua elaboração verbal e cultural. Desse modo, ela se fixaria apenas no meio do chamado discurso literário e, assim, também retoricamente. Com isso, a realidade da história se esgota na instituição correspondente de sentido verbal. Assim, de fato, se frustraria o que antes estava contido na pluralidade dos pontos de partida. Quais realidades antes percebidas, que ajudaram a criar uma realidade posterior, passaram a ser recalcadas, esquecidas ou caladas? Que fontes há ainda disponíveis, mais além da percepção avançada, e que talvez ofereçam uma instância de controle para saber-se que mais pôde ter sido o caso? O recurso à multiplicidade das histórias da percepção, que constituem uma história (*Geschichte*), permite com razão pôr em dúvida se continuar-se a escrever apenas uma variante pode equivaler ao "sentido" da história correspondente. Pressupor sua ausência de sentido já é, do ponto de vista de uma teoria do conhecimento, uma base melhor para projetar o que comumente se chama de história (*Geschichte*).

Mas, para voltar-se a Ranke, o que "propriamente" sucedeu? Evidentemente, não é o total das percepções particulares dos que participaram. O que *in situ* propriamente era o caso, em consequência, subtrai-se à pergunta sobre o sentido. Evidentemente, a história sucedida é constituída por aquela realidade que Kant definia como a coisa em si e que, para Schopenhauer, poderia ser definida como a diferença entre vontade e representação. Atrás ou entre os planos de percepção dos participantes constitui-se o que depois, portanto *ex post*, se define como a história propriamente dita ou a história verdadeira ou real. O que foi de fato o caso ou a assim chamada história propriamente dita, sobre a qual depois se fala, é, por conseguinte, sempre diferente da soma das modalidades de ação contida no acervo de experiências dos participantes de então.

Quando da reconstrução da chamada história propriamente dita é preciso considerar o que para os agentes era pré-consciente, inconsciente, subconsciente ou que não lhes era consciente, portanto hão de ser pesquisados todos os fatores que em princípio determinaram ou limitaram o campo de ação. Trata-se de condições de ações possíveis, que são eficazes na medida mesmo que os agentes não as têm presentes. *In actu*, não podem elas ser nem resgatadas, nem efetivadas. É claro que se é mais perspicaz depois do fato do que antes. Essa frase só aparentemente é banal, pois de antemão questiona nosso potencial para a interpretação do sentido. Sabe-se depois mais do que se poderia antes saber e nesse diagnóstico do mundo da vida está contida a hipótese ingênua cuja forma mais sucinta é propiciada pela expressão *post hoc ergo propter hoc* ("depois disso, então por isso"). Tal solução, que apenas serve à presunção da explicação causal exagerada, contudo não responde à pergunta: no meio da pluralidade das percepções, o que era a história propriamente dita? Só se pode dizer o que de fato sucedeu se todos os participantes, inclusive os mortos, condenados ao silêncio, expressarem suas versões alternativas. Até agora, para cada historiador permanece em vigor a regra jurídica do *audiatur et altera pars* (que também seja ouvida a outra parte). Em suma, antes que se possa postular a dita história real ou propriamente dita, devem ser analisáveis as alternativas das percepções que se anulam entre si.

A história real é, assim, igualmente e sempre mais e menos do que está contido no todo dos erros, percepções e orientações conscientes. Por isso é de se citar Theodor Lessing, o filósofo judeu perseguido pelos nazistas, que fugiu para Hannover e foi morto em Marienbad, em 1933. Toda história, que analisamos como efetivamente ocorrida, é uma *logificatio post festum*[7] (racionalização depois do sucedido). O que necessariamente pressupõe que cada história, em sua consumação, em si mesma, não tem sentido. A história real, assim formula a ironia ou o

---

7 Cf. Lessing, "Über logificatio post festum", em *Geschichte als Sinngebung des Sinnlosen*, p.56-63.

paradoxo dessa reflexão, só se mostra em sua verdade depois de ter acontecido. Formulado de outro modo, a verdade de uma história é sempre uma verdade *ex post*. Ela, em suma, torna-se presente quando não mais existe. O passado deve ser para nós passado antes que possa dar a conhecer sua verdade histórica. Visto antropologicamente, trata-se de uma transposição das experiências primárias de todos os participantes em uma ciência (temporalmente) secundária, que a seguir deve analisar as experiências primárias e suas fontes para daí extrair um terceiro elemento: o modelo de elucidação que deve fazer reconhecíveis as estruturas complexas de uma história passada. Tal investigação ainda pressupõe todas as instituições de sentido, que talvez, em vão, são procuradas nas causalidades que hão de ser explicadas para que assim se entenda por que algo ocorreu assim e não de outra maneira.

Desse modo aprendemos a tratar com o paradoxo de que uma história, engendrada no curso do tempo, é sempre diversa do que aquela que retrospectivamente se explica como uma "história" ("*Geschichte*"). Daí decorre que essa diferença sempre se reabre, porquanto a história cientificamente reconstruída permanece uma antecipação à incompletude, dado que a história continua seu curso. A diferença entre cada história que muda em cada situação e cada história cientificamente estabelecida ou fixada, assim, contém um paradoxo insolúvel, pois a diferença entre a história propriamente dita e a história interpretada constantemente volta a se reproduzir.

Nosso paradoxo ainda contém outra pergunta. Os critérios de seleção, em virtude dos quais se percebe um acontecimento que sucede, se originam contemporaneamente do mesmo acervo de experiências de que também se ocupa o contexto científico de argumentação. Assim, aqueles preconceitos que ajudaram a constituir o acontecimento não podem deixar de ser relevantes para a análise. Os mesmos interesses produtores de conhecimento produzem interesses que criam obstáculos para o conhecimento. As objeções são recalcadas no inconsciente para que não emerjam como argumento ou questionamento. Noutras palavras, os modos de percepção do mundo cotidiano e da vida, que constantemente entram na constituição das histórias reais, possibilitam e ao mesmo tempo restringem a gênese das histórias científicas retrospectivamente projetadas. Assim, a diferença entre os padrões de percepção na consumação da ação e as categorias de explicação com que se analisa *ex post* a ação força os deslocamentos perniciosos e resvaladiços, que só com dificuldade são metodologicamente dominados.

Por certo, essas dificuldades metodológicas são de data recente. Desde quando irrompeu o paradoxo de que uma história científica tenha de ser teoricamente estruturada por um modo diferente das experiências imediatas, embora ambas estejam conectadas ao mundo da vida? Se estou correto, cientificamente implantou-se a diferença desde a mudança transcendental que trouxe a história a seu conceito moderno. A "história propriamente dita" é uma expressão moderna que não havia antes dos anos 1780. Antes, havia a história (*Historie*), por um lado, o *historein*, por outro, a *res gestae*, os *pragmata*, os acontecimentos, os fatos e sofrimentos dos participantes e afetados. Essa oposição manteve-se terminologicamente do mundo pré-cristão para o cristão, até ser derruída, desde o Iluminismo (*Aufklärung*), sobretudo no espaço verbal do alemão.

Explique-se sumariamente a transformação da oposição. Desde Heródoto, *historein* significava indagar, questionar, pes-

quisar e narrar, o que, em alemão, era entendido como "experi-
mentar" (*erfahren*), "experiência" (*Erfahrung*), "comunicar"
(*Erfahrung mitteilen*). Acumulam-se experiências à medida que,
passo a passo, de certo modo metodologicamente, se avança, se
indaga e se pesquisa e, então, comunica-se ou se narra a experiência. De maneira que o conceito alemão de experiência, como
analogamente o conceito grego, era primariamente um conceito
prático de ação, como ainda era pensado por Kant. Só por volta
de 1800 estimula-se um conceito de experiência mais passivo,
mais receptivo, que indica como a experiência há de ser aceita
porque sucedeu não só comigo. Desde então, a *res gestae*, os *pragmata*, o campo dos fatos e da ação, ganham a força de uma grande autonomia, sobre a qual a experiência apenas reage. A
"história em si e para si" ou a "história propriamente dita" se
faz pensável: poderosamente, ela precede toda experiência.
Converte-se em "destino". A história (*Geschichte*), que antes era
o campo da ação, do fazer e do sofrimento humanos, se erige
em uma força necessária e justa, semelhante a Deus. A história
cristaliza-se então em um coletivo singular, que engloba todas
as histórias particulares. Antes de 1780, havia apenas histórias
de algo, assim uma história da França ou do papado ou de outras unidades de ação. Cada história tinha seu sujeito, que, por
isso, podia se tornar objeto da narração do historiador.

Onde se concebe aquela poderosa "história em si e para si",
desaparecem tais histórias que pressupõem a diferença entre
fazer e agir e as narrações a ela relativas. Que a história seja
ao mesmo tempo seu próprio sujeito e seu próprio objeto é
uma ousadia teórica cujo conceito só existe em alemão. Desse
modo, esboça-se semanticamente a fonte daquele idealismo

transcendental, que considerava a própria realidade como a consciência de si própria.

Aí, precisamente, está o segundo significado do novo singular coletivo, a "história": o conceito moderno de história absorve em si a história (*Historie*). O que até agora podia ser concebido em separado como experiência, como informação, indagação e narração da realidade desaparece no conceito de história, que antes apenas figurava o contexto de acontecimentos, mas não sua interpretação. A história narrada compreende a chamada história real e vice-versa. Narrativa e ciência da história desde então não mais se separam conceitualmente da história efetiva (*tatsächliche Geschichte*). Reflexão e realidade encontram seu denominador comum na expressão "história" (*Geschichte*). Formulado de outra maneira, desde então a história é estranhamente formulada pela filosofia da história.

Daí derivam ambiguidades e imprecisões epistemológicas que ajudaram politicamente a irrupção de inúmeras ideologias. As línguas ocidentais foram menos afetadas porque, com *histoire* ou *history*, permaneceram fundamentalmente concebidas dentro da tradição retórica das histórias narradas. Na verdade, também nas línguas ocidentais vizinhas a história (*Historie*) recebeu aquela pressão em prol do "sentido" praticada na acepção alemã da "história em si e para si". Quando Napoleão acreditava ser responsável perante a "história", não só pensava no julgamento habitual de uma história (*Historie*) a ser escrita, que tratasse de seus feitos, mas também daquela força que ocupara o lugar de Deus, portanto daquela "histoire" (*Geschichte*) que, enquanto poderosa, justa e onisciente, diante da qual, como homem, especialmente como príncipe, era responsável. São essas conotações histórico-filosóficas, ainda não contidas no conceito pré-moderno de história (*Historia*) e que só se introduziram em nossa compreensão pelo conceito moderno de história. "A história universal é o tribunal universal."[8]

III

A mudança transcendental assinalada pelo singular coletivo do conceito de história foi agudamente analisada por Wilhelm von Humboldt.[9] Ele mostra que, com a despedida da velha história (*Historie*), desenvolveu-se o conceito de reflexão moderna. A reflexão contemporânea exige que a história nascente promova a distância crescente quanto ao que consideravam as velhas histórias.

Para o conceito moderno de reflexão, as condições da história real são as mesmas que as de seu conhecimento. Assim, Humboldt reduz a determinação de diferença de início estabelecida entre a história gerada *in actu* e a reflexão *ex post* a enunciados de uma experiência comum que determinam tanto os acontecimentos como a narrativa e a ciência desses acontecimentos. A sua mediação é uma produção verbal.

Que a história deva tornar-se sujeito de si mesma como também objeto da narrativa e da ciência, esse fundamento comum se reduz a uma experiência a ser articulada verbalmente. Desse modo,

---

8 Schiller, "Resignation" (1876), em *Werke* (*National ausgabe*), v.1: *Gedichte 1776-1790*, p.168. Sobre a interpretação do verso e a história de sua recepção, cf. Koselleck, "Geschichte, Recht und Gerechtkeit", em *Zeitsrichten*, p.345 ss.

9 Cf. Humboldt, "Über die Aufgabe des Geschichtsschreibers" (1821), em Flitner; Giel (orgs.), *Werke in fünf Bänden*, v.1: *Schriften zur Anthropologie und Geschichte*, p.585-606.

a mesma história é pensada como sujeito e como objeto, podendo ser desdobrada ativa e factualmente, assim como ser experimentada e sofrida. O homem pode compreendê-la como um sujeito poderoso, a que se vê entregue, como também como objeto de sua própria atividade – no fazer ou no ponderá-lo. Só reduzidos na reflexão verbal, e assim também esteticamente, os diversos estratos de experiência se interligam.

Com efeito, a época seguinte, que produziu o chamado historismo,* mostrou-se extremamente vulnerável a irrupções histórico-filosóficas e metafísicas, que de antemão classificavam e impregnavam as experiências históricas. Sob o apoio das instituições de sentido e na crença de necessidades históricas, proliferou a boa consciência de inúmeros partidos, classes ou Estados, em consonância com interesses cognitivos, historiograficamente caucionados.

Foram voluntariamente neutralizadas as distinções entre percepções subjetivas, veracidades objetivas e o que de fato era o caso. A multiplicidade dos padrões de sentido concorrentes, que se excluem entre si (e remetem para a ausência de sentido comum), seletivamente favoreceu interesses particulares, foi esclarecida e assim posta como absoluta. Classes, Estados e nações, como antes príncipes ou santos, foram postos e tomados como instâncias finais dadas. E todas essas unidades de ação – que antes podiam ser entendidas sob outras premissas teóricas como bastidores ou epifenômenos – subsistiam na medida em que o sentido da história em cada caso injetado apenas falava em seu favor.

---

* É costumeiro traduzir-se "historismus" por "historicismo", provavelmente por influência do inglês. Preferimos derivar o termo em português de sua fonte original. [N. T.]

Foi o jovem Nietzsche o primeiro a construir uma frente argumentativa contrária a todas as instituições de sentido, tomadas como excessivas à história. É certo que também Nietzsche não escapou dos ardis que decorriam da plurivocidade de nosso conceito de história. Mas quando, em 1873, formulou seu escrito *Vom Nutzen und Nachteil der Historie für das Leben* [*Da utilidade e inconveniente da história para a vida*], já era quase uma provocação que revalorizasse o conceito de história que evidenciava a partir da linha da tradição retórico-filológica. Falava fundamentalmente de história (*Historie*) e quase só acidentalmente de *Geschichte*. Despojava a *Historie* de sua velha pretensão de ser mestra da vida. Ao contrário, invertia o *tópos historia magistra vitae*, convertendo-a numa rápida *ancilla vitae*. Dessa maneira, a *Historie* se tornava um veículo imanente de sua própria crítica ideológica – um *non plus ultra* dos modernos que a própria pós--modernidade não pode superar. Diante do conceito de vida, a serviço de que se punha a *Historie*, mostra-se, com efeito, que o espontaneamente vital, o a-histórico e o meta-histórico, são de igual valor, senão mesmo de mais valor do que a *Historie* habitual, como energia de vida. Implicitamente, com sua crítica ideológica, ao conceito de *Historie**** afastava os quatro axiomas histórico-filosóficos em que parece estar fundado o então conceito moderno de história (*Geschichte*).

Em primeiro lugar, é negada a teleologia de toda a história (*Geschichte*). Da chamada história não se deriva nenhuma *causa finalis*, nenhum *telos*. E, ao despedir Deus como senhor da história

---

* Em toda a passagem referente à posição de Nietzsche, preferimos deixar a palavra *Historie* em alemão, muito embora já no começo do texto tenhamos traduzido *Historie* por investigação histórica. [N. T.]

(*Geschichte*), Nietzsche desmascara o curto-circuito que supunha transferir os epítetos divinos à "história propriamente dita", ou seja, seu caráter onipotente, justiceiro, onisciente, assim revestido de finalidade e de sentido. A vida, ao contrário, conhece várias metas, às quais convida a servir, direta ou indiretamente, ou seja, a conduzir a-histórica ou meta-historicamente, ao passo que a *Historie* normal apenas produz o reforço das diversas necessidades preexistentes.

Desse modo, também sucumbe um segundo axioma, dissolvido pelo escrito polêmico de Nietzsche: a tese da assim chamada necessidade. Quanto menos a teleologia possa conferir, como fim projetivo de toda a história, um sentido compartilhado pela humanidade, tanto menos Nietzsche retrospectivamente admite uma *causa efficiens*. Pois, quando, retrospectivamente, atribuo à história uma finalidade causalmente determinada, não digo mais sobre o passado senão que ocorreu como ocorreu. O critério adicional da necessidade obrigatória apenas reduplica a constatação do mesmo estado de coisas. Imputar à história um curso inevitável nada mais é do que submetê-la e encaixá-la para que promova uma hipotética necessidade. A necessidade suposta engessa a história a um sentido, que põe o homem sob sua tutela. Nietzsche, ao invés, fomenta uma liberdade que a partir de cada situação, se possível a partir de um *kairós*, evoca um novo começo. Portanto, as necessidades ou as chamadas circunstâncias determinantes se metamorfoseiam em determinações de limite, que tanto libertam como limitam a ação. Aqui, Nietzsche de certo modo se aproxima de Marx. Pois as condições de ação em que nos encontramos são sempre condições que nós mesmos produzimos. Assim, junto à teleologia, Nietzsche revoga a necessidade causal – e aqui implicitamente contra Marx – como uma sobredeterminação histórico-filosófica do que sucedeu. Pois um acontecimento, uma vez sucedido, não é tão só sucedido como tinha que forçosamente suceder.

Nietzsche ainda critica o argumento de instituição de sentido da chamada justiça com que a história é sobrecarregada. Ele não deixa de escarnecer do historiador que impõe *ex post* um critério de justiça às sequências de acontecimentos e, dessa maneira, nos atribuem proporcionar a seus próprios interesses um apoio vitorioso. Não que Nietzsche buscasse negar o critério de justiça ou, noutra formulação, procurasse impedir um julgamento moral ou jurídico. Mas, ao levar em conta que o critério de justiça não ocorre no decurso da história, evidencia-se que a história tem em princípio, como suposto, a sua injustiça. Cada experiência exprime que a história antes perpetua injustiças, do que Nietzsche infere que se dedicar à tarefa contrária, em nome da justiça, só poderia caber a homens comprometidos: tarefa de um homem meta-historicamente pensante, por assim dizer precursor daquele super-homem que ele depois concebeu. Assim como o homem a-histórico, próximo ao animal, é uma variante do sub-homem, o homem que opera meta-historicamente deve procurar cumprir aquela justiça na história de que, por assim dizer, está impedido o homem comum. Evidencia-se então que esse homem forte ou grande político, se quiser ser justo, deve fazer que reine a caridade, agir com generosidade e amor. Assim, de repente irrompe o catálogo das virtudes dos príncipes, se é que a presumida justiça se há de cumprir em condições históricas normais.

Mas para Nietzsche aqui se abre um abismo, cujo primeiro passo encaminha para uma tragédia que impede que, nos tempos modernos, as Erínias se transformem em Eumêni-des.* Nietzsche não mais pode seguir o anúncio cifrado de tal mensagem misericordiosa: quem hoje procure realizar o amor, a generosidade, a caridade será envolvido na ausência de sentido do fracasso. Mesmo o modelo de sentido que presumimos moralisticamente ser das ações justas conduzem ao absurdo. Nietzsche assim afasta todas as suposições modernas de sentido, substituindo-as por um conceito de vida livre de sentido, a serviço de que põe a *Historie*.

Nietzsche, entretanto, não se tornou um biólogo. O quarto ponto de sua crítica às instituições históricas de sentido dirige--se contra a metafórica da idade. Nietzsche evita a metafórica etária para os povos ou épocas para escapar do decurso compulsivo que nela se contém. Pertencia à topologia das idades da vida empregadas na história que aqueles que a definiam se atribuíam a juventude para que reservassem ao outro ou ao inimigo o curso inevitável de uma velhice antecipada e a certeza da morte precoce. Assim, todas as determinações de idade são ideologicamente estabelecidas e intercambiáveis de acordo com a perspectiva. Fontenelle foi o primeiro a procurar separar a história da humanidade da metafórica das idades.[10] Uma vez alcançado certo grau de maturidade e de razão, a história consumava-se, por assim dizer, independentemente do que até

---

* O autor refere-se particularmente às *Eumênide*s, de Ésquilo. As Erínias eram as divindades vingadoras das mortes dos pais; no caso da peça referida, perseguiam Orestes, assassino do pai, Agamêmnon. Porque tomavam a designação como tabu, os gregos a elas se referiam como Eumênides. [N. T.]

10 Cf. Fontenelle, "Digression sur les anciens et les modernes" (1688), em Depping (org.), *Œuvres de Fontenelle*, v.2, p.362 ss.

agora se reconhecera. Optava desse modo por uma razão que se autodeterminava e discorria, que deixava atrás de si todos os escalões prévios de desenvolvimento – um precursor de Hegel, em um sentido puramente semântico. Nessa medida, o próprio Nietzsche era inconsequente, pois, apesar de tudo, empregava a metafórica das idades em favor daquela juventude a que queria pôr em marcha, com a ajuda da crítica da *Historie*, na autossuficiência e independência meta-históricas. Mas o fez renunciando a uma reinterpretação biologista do universo na direção de uma decadência ou amadurecimento. Em suma, esforçava-se pelo conceito de vida que abrangesse o conceito de história (*Geschichte*), a ser aplicado antes de maneira repetitiva do que linear e diacrônica.

O próprio Nietzsche, contudo, não nos livrara do paradoxo em que permanecia enredado pelo duplo sentido do conceito de história (*Geschichte*). À medida que punha a *Historie* a serviço da vida – *historia ancilla vitae*, em vez de *historia magistra vitae* –, por certo liberava o superconceito de *Geschichte* de suas exigências abusivas de sentido e não poupava de crítica sarcástica cada um dos ideologemas da instituição de sentido, que aprendia a ler, na autoilusão e anúncio das catástrofes vindouras. Mas, depois de a *Historie* ser degradada como serva da vida, todos os problemas de que Nietzsche livrara a história (*Geschichte*) reaparecem pela porta de trás. Pois, tão logo se emprega aos campos de atividades humanas, também o conceito de vida evoca a questão da finalidade e, assim, a questão do sentido. Ainda que se pudesse estender à vida extra-humana, antes de tudo, à vida animal, uma garantia de inocência para a liberdade dos sentidos, nossos paradoxos seriam reproduzidos, pois o conceito de vida abarcaria a história humana em si. Também o conceito de vida de Nietzsche não superou a ambiguidade da duplicidade transcendental da história como fazer e ação, como percepção e reconhecimento.

O que Nietzsche efetivamente conseguiu está na liberação epistemologicamente fundada daquele campo pluralístico de ação, apenas analisável se livre de dotações e instituições de sentido. A necessidade de ter sentido não é garantia de que o que sucede por meio de e conosco é em si mesmo dotado de sentido. Cada afirmação histórica permanece histórico-filosoficamente conformada, porquanto seu fundamento não se infere da metafísica, da religião ou da teologia. No âmbito do que se mostra nas próprias teorias da ciência empírica, dentro de suas próprias teorias, mantém-se a instituição de sentido parcialmente e sempre como uma atribuição *ex post*. Segue-se daí que o que pode ser sentido para um poderá não ser para outro, enquanto os homens atuarem com independência de interesses ou intenções convergentes ou comuns. A história abrange uma variedade de sentidos. Não há uma "história em si e para si" e uma "história por excelência". Essa própria construção é uma armadilha que verbalmente nos pomos e a que permanecemos presos, porquanto devemos supor em todos os outros o sentido em nós mesmos evocado. Isso não significa, para voltar a Nietzsche, que não devam ser empregadas as categorias morais que remetam à questão do sentido. Mas afirmar que a história em si é a executante da moral permanece uma grande ilusão, que, como Karl Löwith mostrou, foi propagada pela história sagrada cristã na moderna filosofia da história.[11]

---

11 Cf. Löwith, *Weltgeschichte und Heilsgeschichte: Die theologischen Voraussetzungen der Geschichtsphilosophie*.

Lembre-se, por fim, o exemplo que Paul Ricœur expôs: a aproximação franco-alemã.[12] Era impossível ver-se no ato de Mitterand e Kohl darem-se as mãos a finalidade ou o sentido para o massacre maciço de 1916. Que centenas de milhares de homens tenham se matado uns aos outros para que se tornasse possível a reconciliação sobre o solo ensanguentado do massacre não significa, como conjunto de acontecimentos, senão que, sob a coberta de imposições teleológicas, para todos os participantes era algo crescentemente sem sentido. Em si mesmo dotada de sentido, a reconciliação franco-alemã não pode ser considerada quanto à batalha precedente nem como a consequência historicamente necessária, nem como seu sentido moral. A história não oferece ajuda alguma às plausibilidades psicológicas, a não ser que – e esta é a contradição insolúvel de Nietzsche – seja instrumentalizada. A *Historie*, uma vez funcionalizada ou mesmo escravizada à chamada vida, perde toda autonomia e força demonstrativa. Então pode ser contada e politizada para o fortalecimento do sentido.

Com Kant, ainda se pode *ex post* hipoteticamente fundar uma teleologia. A história (*Geschichte*) então se comporta como se cumprisse intenções ocultas da natureza,[13] de modo que o combate sangrento entre alemães e franceses servisse para que, mais tarde, se pudesse celebrar a paz – a "paz eterna". O que em Kant ainda se apresentava hipotética e argumentativamente, azedava em Hegel, pela "astúcia da razão", em enunciado ob-

---

12 Cf. Ricœur, *Das Rätsel der Vergangenheit: Erinnern – Vergessen – Verzeihen*.

13 Cf. Kant, "Idee zu einer allgemeinen Geschichte in weltbürgerlicher Absicht" (1784), em Weischedel (org.), *Werkausgabe*, v.11: *Schriften zur Anthropologie, Geschichtsphilosophie, Politik und Pädagogik*, p.33-50.

jetivo. A razão da história controla e supera todas as capacidades e ações humanas individuais.[14] Em consequência, podia-se simplesmente afirmar que o sentido e fim de Verdun foi tornar obrigatória a reconciliação dos alemães com os franceses. O absurdo massacre em massa de centenas de milhares em poucos quilômetros quadrados e sucedido em poucas semanas equivalia a traduzir o próprio absurdo em algo pleno de sentido. Isso por certo supera a capacidade de experiência de nossa geração. Depois que o absurdo se converteu em acontecimento, deveria ainda, com a imposição de sentido, alcançar absolvição. A súplica que se repete nos monumentos aos soldados mortos, segundo a qual sua morte não foi em vão, supunha uma morte diferente daquela que ainda hoje deve nos levar a lamentarmos. Acrescente-se uma última observação.

A reconciliação entre a Alemanha e a França foi mais fácil de alcançar porque ambas haviam lutado com as mesmas armas. O assassinato em massa que mutuamente se infligiram eram cumpridos de acordo com o princípio do *do ut des* (*faço para que me faças*). O dar e tomar apoiava-se no que ambos faziam, mesmo se morte alguma se explica por uma justiça retributiva. Tal relação tampouco vale fundamentalmente para os alemães e os judeus. Pois, onde execuções e extermínios em massa eliminaram civis inocentes de povos inteiros ou de parte de um povo, não se mostra nenhuma recíproca equivalência como a existente nos massacres da Primeira Grande Guerra, que se davam entre a Alemanha e a França, o Império Britânico, a Rússia e os Estados Unidos. Seria completamente absurdo entender Auschwitz

---

14 Cf. Hegel, "Vorlesungen über die Philosophie der Geschichte", em Moldenhauer; Michel (orgs.), *Werke in zwanzige Bänden*, v.12, p.49.

dotado de sentido porque impulsionou a fundação de Israel, como pretendeu o advogado de Eichmann.[15] Empregar a aceleração na fundação de Israel como argumento de sentido para Auschwitz seria, em suma, o absurdo confirmado, ou seja, afirmar a eficácia do próprio absurdo.

As pequenas perdas que "a história propriamente dita", com suas pretensões de dar sentido, nos impõem, são demasiado altas para que, no momento de agir, ainda hoje as imponhamos. Expulsemos suas imposições de sentido, difíceis de serem suportadas, de seu campo de atração. Em vez disso, devemos nos moderar e investigar para que façamos o que pode ser dotado de sentido para nós. E, se os resultados advindos do antagonismo das ações e dos partidos não corresponderem um ou outro ao que se queria ou esperava, não devemos submeter esses resultados ao sentido de uma história plena em si mesma. Isso seria equivalente a defraudar os homens de sua responsabilidade ante si mesmos e em relação aos outros; responsabilidade de que tampouco podem escapar. A história não é um tribunal, nem muito menos um álibi.

---

15 Cf. a respeito, Rosenne (org.), *6.000.000 Acusers; Israel's Case against Eichmann. The Opening Speech and Legal Argument of Mr. Gideon Hausner, Attorney-General*, p.27-175.

3
Ficção e realidade histórica[1]

Quem hoje entre na discussão sobre a relação entre ficção e realidade histórica, está sujeito a um duplo desafio. É desafiado, de imediato, pela tradição. Pois a antítese entre *res factae* e *res fictae* pertence aos *topoi* que, desde muito, foram refletidos sob diversas coordenadas. Se se pesquisa a história desses *topoi*, é possível reconhecer que, a cada vez, a transformação foi sempre compreendida como realidade histórica. E com isso se ressaltaria que essa experiência não é independente do que, em cada ocasião, especialmente no interior da poesia, se entendeu por ficção. O segundo desafio em que a pergunta hoje nos põe deriva da discussão atual acerca de até que ponto os textos ficcionais são condicionados pela realidade histórica e até que ponto devem influir nessa realidade. Assim considerada, a per-

---

1 Do original "Fiktion und geschichtliche Wirklichkeit", comunicação ao "Germanistentag", Düsseldorf, 1976. Primeira publicação em *Zeitschrift für Ideengeschichte*, v.I, p.39-54, 2007. Republicado em Dutt (org. e posf.), *Vom Sinn und Unsinn der Geschichte. Aufsätze und Vorträge aus vier Jahrzehnten*, p.80-95. Tradução de Luiz Costa Lima, supervisão de Doris Offerhaus.

gunta é nova, pois, nesse grau de formulação, só pôde ser posta a partir do Esclarecimento e de sua filosofia da história. Por certo, essa atualidade também pertence a uma tradição, pois a coordenação entre a *res factae* e a *res fictae* era, desde antes, objeto da retórica; falando em termos modernos, concerne a uma doutrina da arte *eo ipso* sociopoliticamente relevante.

Permitam-me, antes de tudo, apresentar-lhes dois relatos, que provêm da práxis do historiador, que, como parece, profissionalmente tem a ver com o que se pode chamar a realidade histórica. Derivam daí reflexões sobre a relação entre textos ficcionais e a chamada realidade histórica.

Meus dois relatos são breves. O primeiro provém de um médico, no ano de 1934. "Enquanto eu, depois das horas de consulta, por volta das 9h00 da noite, queria me estender tranquilamente no sofá, com um livro sobre Matthias Grünewald, de repente o meu quarto, o meu apartamento, já não tinha paredes. Até onde a vista alcança, vejo-me a mim e a todos os apartamentos sem separações. Ouço um alto-falante vociferar: 'Está decretada, a partir do dia 17 deste mês, a supressão de paredes'."

O outro relato advém igualmente dos anos 1930, e, na verdade, de um advogado judeu: "No zoológico, há dois bancos, um normalmente verde, o outro amarelo (naquela época, apenas os judeus ainda podiam sentar-se em bancos pintados de amarelo); entre elas, havia uma cesta de papel. Eu me ponho na cesta de papel e prendo um escudo a meu pescoço, como algumas vezes fazem os pedintes cegos e como deveriam ser obrigados a fazer as 'raças degeneradas': 'Quando é preciso, converto o papel em assento'".

Ambas as histórias provêm de uma coletânea de sonhos dos tempos do Terceiro Reich, reunida por Charlotte Beradt.[2] Os que sonharam ficaram anônimos. Todos os sonhos são autenticamente transmitidos. Ambos contam histórias, que têm uma ação com começo e fim, que, de fato, do modo como foram comunicadas, nunca se deram.

Se compreendermos nossa questão acerca da ficção e da realidade histórica de modo alternativo, ambas as histórias curtas pertencem explicitamente ao campo dos textos ficcionais. E assim devem ser lidas. A espessura e a pregnância de seus enunciados tornam os sonhos próximos aos de von Kleist e, melhor ainda, aos de Kafka. Ninguém pretenderá negar sua qualidade poética. Desse modo, aproximam-se da arte poética, que, falando aristotelicamente, nunca, ao contrário do que faz o historiador, informa o que sucedeu e como, acidentalmente, sucedeu, senão o que poderia suceder.[3] Ambos os sonhos contêm outra verossimilhança, que, no tempo em que foram sonhados, pareciam empiricamente passíveis de suceder. Antecipavam o empiricamente inverossímil, que, mais tarde, na catástrofe do naufrágio, se transformava em acontecimento. Transformavam-se em acontecimento e, por conseguinte, ambas as histórias oníricas eram não só ficção ou, pelo menos, não permaneceram só nessa condição.

É evidente que os relatos que esses sonhos narram não se sujeitam à alternativa forçosa entre realidade ficcional ou histórica.

2 Beradt, *Das dritte Reich des Traums*, p.25 e 138.
3 Cf. Aristóteles, *Poética*, 1451b.

Permitam-me um excurso histórico a respeito. Na história clássica do tópico, a *res fictae* transforma-se em poética, a *res factae* é imputada ao historiador; formulando a questão de maneira mais polêmica, uma tem a ver com o que parece, a outra com o ser: "*Si fingat, peccat in istoriam; si non fingat, peccat in poesin*".[4]* Dessas posições extremas derivam duas posições modelares, que atribuem ou à história ou à arte poética o nível mais alto. Assim, uma considera que a escrita da história tem um conteúdo de verdade mais elevado do que o da poesia, pois quem se entrega aos *res factae* deve mostrar a própria realidade, enquanto as *res fictae* induzem à mentira.

Foram naturalmente sobretudo os historiadores que se valeram dessa argumentação favorável à posição deles. Muniam-se sempre mais da metáfora do espelho, ampliada, a partir de Luciano, para definir sua missão de nada mais senão descrever a "verdade nua". Fénelon escrevia em 1714 que a história tem "*une nudité si noble et si majestueuse*"[5]* que prescinde de quaisquer adornos poéticos. E Gottsched afirma que a tarefa sublime do historiador é "dizer a verdade nua, ou seja, contar o acontecimento que sucedeu, sem qualquer verniz, sem qualquer cosmético".[6] Sem dúvida, dessa intervenção deriva o *ethos* e o *pathos* da escola histórica, especialmente seu sutil método filológico de dizer tudo "como foi propriamente" (*wie es zugleich*

---

4 *Alsted, *Scientiarium omnium encyclopaedia*, v.2, prancha na p.619. "Quem inventa peca contra a história; quem não o faz, peca contra a poesia." [N. E.]

5 *Fénelon, *Œuvres complètes*, v.6, p.639. "Uma nudez tão nobre e tão majestosa." [N. E.]

6 Gottsched, *Versuch einer Critischen Dichtkunst*, p.354.

gewesen), pela primeira vez formulado por Luciano e mais tarde por Ranke. O descobrimento dos acontecimentos, o interesse no chamado núcleo duro dos fatos então também provocaram a atitude metodológica de não admitir que, nas modalidades de fontes possíveis, fossem incluídos, por exemplo, os sonhos. Apesar de sua difícil acessibilidade, desde o Esclarecimento, eles passaram a pertencer ao campo da mera ficção, não se incluíam entre os acontecimentos e eram excluídos dos *res factae*, fosse como ações, fosse como fatos, ao passo que Heródoto e muitos outros depois dele ainda os consideravam referências valiosas.

Atentemos para a contraposição. Ela acentua com mais força o papel criador do autor, em contraposição ao papel reativo do que se refere como metáfora do espelho. Já Luciano admitia que a metáfora do espelho não era bastante para definir o trabalho do historiador. Ele logo acrescentava uma comparação mais ampla: o historiador deveria trabalhar como Fídias. O material lhe era transmitido apenas para que o tratasse, pela própria criação, pela própria *poiesis*, a partir do material da configuração literária; para, por assim dizer, ressaltar adequadamente o acontecimento.[7] Do ponto de vista da teoria do conhecimento, a descuidada metáfora do espelho foi retomada devido à outra posição, que se apoia em Aristóteles.

É conhecido que Aristóteles desfavorecia a história em prol da poética, porque aquela se orientava apenas pelo transcurso do tempo, em que várias coisas sucedem, como justamente sucede. A poesia, ao contrário, visa ao possível e ao geral. Como

---

7 Luciano, *Wie man Geschichte schreiben sol*, p.154.

formulou o Aristóteles do século XVIII, Lessing: "As ocasionais verdades da história nunca podem ser a prova das verdades necessárias da razão",[8] a veracidade interna do sentido tem, por conseguinte, uma força maior do que a verdade supostamente histórica, que, muitas vezes, é apenas duvidosa. Em contraste quanto ao historiador, como exprimia mais modernamente Lessing, é "o poeta superior à história; e pode deslocar o dado como bem queira".[9]

Lessing era então também bastante consequente em sua *Erziehung des Menschengeschlechts* [Educação do gênero humano], em que, apresentando-se como filósofo da história, renunciava ao termo "Geschichte" (história). Não se referia aqui aos *res factae*, com os quais apenas um historiador se ocupa. Lessing já conhecia o singular coletivo, justamente então formado, a "história simplesmente", que compreende o conjunto das histórias particulares. Mas não admitia que o sentido moderno do termo mantivesse a hierarquia tradicional entre história-poesia--filosofia, para que, como filósofo, remetesse, por exemplo, à "história simplesmente" – o que, quando ele compunha suas reflexões sobre a via e a meta do gênero humano, já se dava em nossa terminologia.

Interrompamos aqui nosso excurso histórico que recolheu o uso de dois *topoi*, padronizado por 2 mil anos. É incontestável

---

8 Lessing, "Über dem Beweis des Geistes und der Kraft" (1777), em Göpfert (org.), *Werke*, v.8: *Theologiekritische Schriften III*, p.9-14 (a passagem está na p.12).

9 Idem, *Briefe, die neueste Literatur bettrefend*, carta de 18 out. 1759, em Göpfert (org.), *Werke*, v.5: *Literaturkritik. Poetik und Philologie*, p.207 ss.

a diferença entre a ficção e a facticidade; diferença que não se deixa desmentir pelas narrativas que informam sobre o que de fato se deu e as que relatam sobre o que poderia ter passado ou que renunciam mesmo a qualquer sinal de realidade. A questão é antes saber se ficção e facticidade se diferenciam, na medida que uma permanece um campo reservado ao poeta e a outra ao historiador. *Res factae* e *res fictae* são manifesta e diversamente entrelaçadas em vez de separadas, enquanto traços de atividades ou campos de objetos de dois grupos disciplinares distintos. É sabido que, desde o século XVIII, a partir do momento em que a história dos tempos modernos abriu um novo horizonte de expectativas e um novo espaço de experiência, também a poética e a escrita da história foram correlacionadas de outro modo.

O primeiro precedente empírico disso é a osmose que, desde o Esclarecimento, tem ligado o romance e a historiografia. O que o romance ganhou enquanto demanda de realidade histórica, a história (*Historie*), de maneira inversamente proporcional, passou a necessitar de unidades fundadas de sentido, sem as quais a história (*Geschichte*) não mais pode ser reconhecida.[10]

Quando se põe a questão da prioridade, pelo menos na Alemanha, o romance foi primeiramente descrito como "Geschichte", como "wirkliche Geschichte" ("verdadeira história"), antes que, com o termo "Geschichte", se tratasse de mencionar o historiador, tomado como responsável por narrar histórias particulares. A partir da metade do século XVIII, o termo "die Geschichte" foi transposto para a temática geral. Essa convergência semântica é agora a orientadora de nossa indagação ini-

---

10 Cf. Koselleck, verbete "Geschichte, Historie", em Brunner; Conze; Koselleck (orgs.), *Geschichtliche Grudbegriffe*, v.2, p.647 ss.

cial. Ou seja, a partir de então, a pergunta teórica decisiva não mais transcorre entre a facticidade, de que trata o historiador, e as ficções, que fundam a atividade do poeta. A linha de frente se desloca e provoca uma nova correlação, à medida que é ressaltada a pergunta: como se comporta a constituição verbal de uma história, seja a história por um escritor de história, por um poeta, se não por um prosador, para que, a partir de agora, seja ela experimentada e descrita como realidade histórica?

Posso agora exemplificar. Retorno àqueles relatos de sonhos, cujo *status* como textos ficcionais demos a conhecer, sem que pudéssemos com isso nos satisfazer. Por certo, os sonhos contam histórias que eram narradas como nunca haviam sucedido. Ao mesmo tempo, contudo, verifica-se algo naqueles relatos que uma só vez e diretamente tinha a ver com a realidade histórica. Os sonhos que citamos são um caso-limite, mas esse nos leva ao centro de nossa questão.

Pois antes que os sonhos fossem lembrados na forma de uma narrativa, se consumaram no espaço interno dos que sonhavam; se se quiser, sucederam pré-verbalmente. Desse modo, ganham para o psicanalista, mas, sob dadas circunstâncias, um outro valor de diagnóstico (*Stellenwert*), mesmo se considerado apenas na estrutura de sua narrativa.

Os chamados sonhos abrem camadas a que não chegam as anotações dos próprios diários. E isso vale para todos os sonhos que Charlotte Beradt reúne e que foram resgatados pela emigração. Derivam de cerca de trezentas pessoas oriundas da Berlim dos anos 1930. Neles, irrompem modos de experiência de uma energia impressionante. O furtivo ajuste ao novo regime, a submissão à consciência esquiva, a espiral de medo, a paralisia da resistência, a combinatória de carrasco e de vítima – tudo que emerge nos sonhos com a leve estranheza das imagens, com frequência imediatamente realistas. O resultado é sufocante.

São por certo sonhos de perseguidos, mas de maneira alguma apenas isso; são sonhos de quem se conformava ou que queria se conformar mas não conseguia. Não conhecemos os sonhos dos entusiastas e dos vitoriosos – esses também se deram, e quem sabe com que frequência seu conteúdo não coincidia com a visão dos que foram esmagados pelos vencedores. Em todo caso, os relatos dos sonhos citados testemunham o terror, no começo apenas calado, cujo aumento patente eles antecipam. Assim, o historiador pode empregá-los como fonte, com a advertência, metodologicamente obrigatória, de que as ilações sejam tiradas de relatos que primeiramente foram sonhados e só então narrados. Deles, o historiador pode derivar como o terror imanente ao sistema nacional-socialista funcionava nos primeiros anos, a que angústia induzia ante o terror, que imagens, que preludiavam a catástrofe vindoura, provocavam.

Com tais perguntas, examina-se com efeito uma restrição metodológica. Os sonhos transmitidos são introduzidos como fontes escritas com o fim de criar uma inferência sobre algo que estava atrás deles, ou seja, a realidade histórica do terror iniciado em 1933. O olhar sobre a facticidade relativa ao começo violento do Terceiro Reich pode-se iniciar a partir do texto que, univocamente tomado como ficção, vem a ser visto como história esclarecedora. À medida que realizamos esse passo metodológico do historiador avançamos no território que separava a *res fictae* e a *res factae*. A partir de uma, pode-se chegar à outra.

Cada texto ficcional pode então, de modo excelente ou menos bom, de qualquer modo, ser fundamentalmente proveitoso como testemunho para a facticidade.

Os sonhos de início descritos são, entretanto, mais do que apenas testemunhos, passíveis de ser transformados em fonte, na medida em que se levem a cabo as disposições metodologicamente requeridas. Eles já são, embora apenas apreensíveis como relato, histórias ainda não escritas (*vorsprachlich Geschichte*), que sucederam em e com as pessoas referidas. São modos de manifestação do terror que se evidenciaram carnalmente. Noutras palavras: justamente como ficção, foram elementos da realidade histórica. Os sonhos não só remetem às condições que os possibilitaram como ficção. Já pelo modo como se apresentam, os sonhos encarnam o próprio terror.

Sejam agora esclarecidos ambos os sonhos do médico e do advogado judeu – o que pressupõe conhecida a gênese biográfica – por meio de uma intervenção individual-psicológica, por certo analítica.

É surpreendente que, nos relatos descritos dos sonhos, o conteúdo latente e o manifesto quase não se distingam. A função política dos sonhos, mesmo se condições privadas estejam por detrás, se torna quase imediatamente compreensível. As experiências políticas e as ameaças, para ficarmos no simbolismo psicanalítico, afogaram o porteiro e fluíram livremente no chamado inconsciente. Imagens e relatos aqui nasciam e sua ponta política imediatamente iluminava o consciente.

O decreto que leva ao desaparecimento das paredes despe o espaço privado de qualquer proteção. O alto-falante não deixa dúvidas ao que sonha: sua casa será destruída por efeito de um controle que, em nome da comunidade do povo, será exercida sobre todos.

A pressão que oprime o advogado judeu, que o converte em papel e até, por espontânea vontade, em cesta de papel, não precisa, para quem tenha conhecido a história, de uma tradução clara. Em uma paralisia espontânea, o inverossímil se converte em acontecimento. O perseguido se conforma ao absurdo tão existencial quanto banal, antes que ele próprio seja executado. É evidente haver uma razão do corpo, que domina mais amplamente do que o medo permite que tenha o que sonha, quando esteja desperto. De fato, não devia ser assim. George Grosz teve um sonho semelhante que, se devemos acreditar em suas lembranças, o levou a emigrar, no tempo devido, para a América.[11]

Restrinjo-me aqui em desenvolver a análise histórica do sonho e em decifrar toda a sociedade, segundo complexos, transferências e coerções identificatórias. As dificuldades metodológicas são maiores do que as muitas observações fazem supor.

Já os sonhos que Cayrol narra dos próprios campos de concentração escapam de uma significação política imediata.[12] Daí que Cayrol notasse, talvez com razão, uma oportunidade de sobrevivência, porquanto a alienação completa do ego empírico oferecia a arma surda e quieta para que fosse remediada a morte prefigurada. Conforme as experiências de Cayrol, quem

---

11 Cf. Grosz, *Ein kleines Ja und ein grosses Nein: Sein Leben von ihm selbst erzählt* [*Um pequeno sim e um grande não: sua vida contada por ele mesmo*], p.212-8.

12 Cayrol, *Lazarus unter uns*.

ainda era capaz de sonhar social e politicamente abandonava sua força de resistência, pois se alimentava de um passado já inalcançável. Concedia assim à morte uma chance maior do que a morte dispunha, institucionalmente, nos campos de concentração.

Em favor de nossa questão inicial acerca da relação entre ficção e facticidade ganhamos sub-repticiamente uma visão, que posso formular como tese: a realidade histórica nunca coincide com o que verbalmente se articula com ela e a respeito dela.

Na medida em que não indagamos o conteúdo de nossos sonhos a partir de sua facticidade senão como expressão do terror político, penetramos em uma camada pré-verbal, em que se reconhece algo como a realidade histórica. Isso conduz de imediato a um caso-limite, que incita à aproximação da ficção com a realidade. Mas o resultado é de significação mais geral: a história nunca surge (*aufgehen*) na linguagem. Encontramo-nos ante uma tensão insuperável, que contrasta com o fato de que nenhuma ação verbal pode a todo momento requerer a realidade histórica. E isso vale tanto para a execução da história como também para a lembrança, para a história passada verbalmente fixada.

Por certo, a realidade da história se cumpre na medida em que o agente e o paciente agem, reagem e se correlacionam verbalmente. Nenhuma unidade política de ação é passível de ser ativada sem linguagem, sem conceitos comuns, sem comando, sem pactos, sem discussão, assim como sem propaganda e sem o emudecimento daqueles que não podem ou não devem participar. A própria realidade histórica, contudo, primeiramente se constitui entre, antes ou depois das articulações verbais que apontam para ela. A circunstância verbal e a sociopolítica se correspondem de outro modo de como os próprios falantes podem percebê-las.

Isso tem uma razão bastante plausível, pois só posteriormente comprova-se o que é uma história. E o que ela foi uma vez não é mais realmente; em todo caso, não mais realmente no sentido de como, enquanto ainda não está concluída, é de fato.

É a temporalidade da história, que não pode se encerrar no ato verbal. Para dizer com Goethe: "Na mesma cidade, um evento significativo será contado, à noite, de outra maneira que no dia seguinte".[13] E isso vale não só para a história *ex post*, como também para a poesia *in spe* (no futuro). O que dizes hoje, já amanhã terá outro sentido. Lembradas, uma palavra falada, uma frase escrita, tão logo se conservam, se tornam irrevogáveis e imutáveis. Mas a recepção subtrai a acessibilidade do que foi falado ou escrito. Podemos daí derivar que nenhuma articulação verbal, seja qual for seu modo e seu nível, alcança o que realmente se consuma na história. A história, com efeito, nunca se consuma sem a linguagem, mas, ao mesmo tempo, ela é sempre, para mais ou para menos, diversa da linguagem.

Se nossa tese é exata, daí deriva uma conclusão. Ou seja, dela se segue que a relação entre ficção e realidade histórica apenas pode ser respondida se a linha divisória entre ciência histórica e textos ficcionais não for estendida em demasia. O historiador, o historiador da literatura e o poeta – hoje preferencialmente chamado de escritor – se encontram, em conjunto, diante da mesma incomensurabilidade da realidade histórica e de sua

---

13 Goethe, "Brief an König Ludwig I, von Bayern", 12 jan. 1830, em Mandelkow (org.), *Goethes Briefe*, v.4: *Briefe der Jahre 1821-1832* [Cartas dos anos 1821-1832], p.363.

transformação verbal. Reagem apenas diferentemente ante a mesma provocação. Posso por fim explicar.

I. O historiador parte de antemão de que a atestação verbal abrange o todo da realidade que procura conhecer. O historiador não indaga por si mesmo texto algum, diário nenhum, alguma carta, algum documento, crônica alguma ou alguma exposição. Em geral, elas lhe servem apenas como fontes para que confeccione um conjunto de referências, que aponta para algo que está sob os textos. Mesmo os tratados de direito internacional em que, antes de tudo, o sentido do texto é arruinado por sua função política, são indagados pelo historiador, em consequência do que calam ou estilizam, para concluir sobre os movimentos, apenas indiretamente passíveis de serem descobertos pelo texto das fontes.

Com indagações dessa ordem, o historiador se diferencia dos linguistas e do historiador da literatura, porquanto esses, em primeiro lugar, tematizam um texto por si mesmo ou em função de sua expressão. Isso se torna evidente onde, por exemplo, a realidade da ficção é questionada, como o fez Wolfgang Iser.[14] Fatores extraverbais e pré-verbais são considerados por ele apenas para que possa melhor explicar a estrutura verbal imanente do texto ficcional. Com isso, não quero dizer que esse questionamento não seja imediatamente válido para a tarefa do historiador. Afinal de contas, cada enunciado histórico

---

14 Cf. Iser, "Die Wirklichket der Fiktion: Elemente eines funktions-geschichtlichen Textmodells", em Warning (org.), *Rezeptionsäethetik: Theorie und Praxis*, p.277-324.

vive de retículas antes verbalmente dadas, que estabelecem a condição da experiência histórica possível. Mas uma linguística textual histórica apenas ainda nasce.

Para a maioria da corporação histórica, de qualquer modo, vale que as atestações verbais serão utilizadas apenas como indicações de algo que não era imediatamente intencionado pelos testemunhos verbais E isso vale tanto mais quanto o historiador se afasta da chamada história dos eventos, para levar em conta cursos de longa duração, estruturas e processos. Os acontecimentos ainda podem ser apreendidos por atestações verbais, o que não é o caso com os processos, percursos e estruturas de longa duração. Se um historiador pode sair disso, porque tanto lhe interessam as condições dos eventos possíveis como os próprios eventos, é preciso que transcenda todas as atestações verbais e escritas. Pois cada atestação verbal ou escrita permanece condicionada pela situação, e a informação excedente que ela pode conter nunca basta para apreender a realidade histórica que atravessa todos os eventos verbais.

Não quero aqui entrar nas dificuldades metodológicas conectadas com a execução de séries de longa duração ou com a autêntica segurança de enunciados estruturais, por exemplo, do tipo de que toda história é uma história do conflito de classes.

Prefiro perguntar-me pelo *status* de um enunciado histórico sobre aquela realidade histórica que sempre se subtrai à constatação verbal, seja que a história sempre deva ser definida, porque ela própria se modifica, provoca novas questões e realimenta novas expectativas, seja que a história passada como realidade a determinar permanece em todo caso um risco. Realmente, os testemunhos, em um sentido compreensível e também refinado, são por nós tomados apenas como relíquias do que houve. A realidade da história daí derivada é, ao contrário, um produto de possibilidades verbais, de modelos teóricos e de passagens metodológicas, que, por fim, se reúnem em uma narrativa ou exposição. O resultado não é a restituição de uma realidade passada, mas sim, formulando com certo exagero, a ficção do fático.

Se me é permitido citar Goethe de novo, pensou ele exatamente a situação derivada da linguagem quando definiu sua autobiografia como um "modo de ficção".[15] Chamava-a ficção, em parte porque podia propriamente recordar apenas os resultados, não os acontecimentos e particularidades, em parte para responder corretamente quanto à exigência histórica de verdade, passível de ser resgatada apenas no meio da ficção. Essa ficção também era descrita como narrativa ou mesmo como poesia, como o título a mostra entrelaçada à verdade.[16]

Goethe chegara à formulação definitiva de seu título precisamente a partir daquele plano verbal que nos mostrou ser necessário falar da ficção do fático, em vez de ingenuamente tratar de reprodução.

Dessa maneira, o historiador na verdade ainda está longe de ter acesso àquele espaço livre que usualmente é concedido ao poeta, porquanto, como dizia Lessing, esse pode combinar como queira os acontecimentos que inventa.

O historiador permanece subordinado à instância de controle da racionalidade constritora. É uma instância de controle de natureza negativa, de que resulta o método histórico. Ou

---

15 Cf. nota 13.

16 Cf. Goethe, *De minha vida: Poesia e verdade*. São Paulo: Editora Unesp, 2017. [N. E.]

seja, ela não admite enunciado algum que não passe pelas tenazes da leitura das fontes, e as fontes têm resistência própria. Uma fonte nunca diz o que deve ser dito, mas sempre mostra o que não é lícito dizer. As fontes possuem um direito de veto. Metodologicamente preparado, cria-se assim um campo mínimo para a inspeção racional, de modo que determinados resultados da pesquisa histórica são universalmente comunicáveis e controláveis, com independência da posição do historiador.

Por certo, não se pode superestimar esse campo quanto ao direito de oposição às fontes. É próprio, contudo, ao solo de cada empiria científica, para que se respalde contra as asserções, que ela se apresente com a exigência de uma certeza por si mesma convincente. O historiador se submete à barreira das afirmações que ele próprio se impõe por força daquele método conectado às fontes.

Por isso, também a *Schlachtsbeschreibung* [Descrição da batalha] de Stalingrado[17] de Alexander Kluge está entre as produções históricas respeitáveis, pois, não considerada a técnica de corte e montagem de que o autor se serve, teve em conta fontes bastantes para tornar verificável sua tese de que a catástrofe se originou de uma inescrupulosa rigidez, sócio-historicamente demonstrável. Como análise da circunstância da catástrofe de Stalingrado, a tese de Kluge é por certo seriamente discutível. Falta, sem dúvida, assim como no romance sobre Stalingrado de Plievier,[18] um outro fato que talvez assente com mais profundidade e seja mais fecundo: o medo dos russos, que bem

---

17 Kluge, *Schlachtsbeschreibung*, [1964] 1983.
18 Plievier, *Stalingrad*.

pode explicar o que não se mostra por escrito, porque não era permitido ou porque parecia impróprio escrever a respeito.

2. Com Alexander Kluge e Plievier mudamos de improviso para o campo da consideração literária, sem com isso abandonar a referência à realidade histórica. Minha objeção a Kluger, e antes de tudo a Plievier, aponta para um campo que já não cabe no que concerne às fontes, ou seja, que articula o medo como motivo de ação. Pomo-nos com isso diante de uma questão que escapa amplamente do controle metodológico do historiador, sem que por isso deixe de ser de grande peso para a eficácia histórica. O transpasse do fático para o fictício, embora concreto, é, em suma, resvaladiço, como já vimos pelos sonhos de depois de 1933. Dito de outro modo, o que é decisivo quanto à realidade histórica não se processa apenas no plano do controle metodológico das fontes, senão já ali onde, em suma, a realidade histórica se articula verbalmente. Dissemos um pouco antes que linguagem e história nunca coincidem. Por certo, são impensáveis acontecimentos históricos sem ações verbais; a experiência histórica e a lembrança não se conciliam sem a linguagem. Mas, em uma história, sempre entram inúmeros fatores pré-verbais e extraverbais, que se apresentam para, com efeito, articular uma outra ação verbal. Por isso os textos históricos e ficcionais se aproximam muito.

Pois, nessa perspectiva, ambos sempre têm a ver com a determinação de diferença entre articulação verbal e experiência extraverbal.

Permitam-me mostrá-lo pelo exemplo contemporâneo de um escritor que, ao mesmo tempo, se alimenta da história e é um dramaturgo razoável, Dieter Forte. *Die Einführung der*

Buchhaltung [A introdução no comércio de livros][19] se legitima pelo empréstimo da utilização de fontes históricas, da exatidão que o palco parece emprestar certeza de realidade. A reivindicação do autor de operar de conformidade com as fontes é facilmente refutada. Pois a modificação das datas, como a doação do mosteiro de Agostinho a Lutero ou as omissões, por exemplo, das acusações críticas de Lutero contra os príncipes, depressa tropeçam, pelo controle histórico das fontes, na zona da mais simples falsificação. Mas não são manipulações desse tipo, nas quais também o historiador incorre, que convertem a peça teatral sobre Lutero e Hyeronimus Münzer em um drama fraco. A objeção de peso, que deve ser ressaltada, antes aponta para a teoria defeituosa do que deve ser aqui propriamente história. A objeção move-se no plano em que se encontra o escritor historiográfico ou poeta. Para a história da recepção da Reforma, Ranke ou Forte estão no mesmo lado. Por isso, entretanto, ambos estão submetidos ao mesmo conjunto de critérios quando realçam a exigência de refletir sobre a Reforma como realidade histórica.

Forte então projeta seus personagens com a consequência hipotética para a história alemã de que suas ações seriam imputadas aos habitantes daquele tempo. Assim, emerge uma história personalizada, que desconsidera as pessoas reais. Em Forte, Lutero discute como Guilherme II, que, como é sabido, servia-se bastante do modo de falar luterano. Mas Forte não pode perceber a diferença entre se cada um falava de maneira luterana ou se Lutero falava assim. Cada palavra em seu lugar.

---

19 Dieter Forte, *Martin Luther & Thomas Münzer oder Die Einführung der Buchhaltung*, Berlim, 1971.

Reprojetando efeitos hipotéticos de supostas causas, Forte faz que se frustre *a fortiori* o que a história privilegia, ou seja, nunca fazer inferências em torno do pré-dado ou fazer que ele emerja de sua manifestação atual. À semelhança de muitos historiadores, Forte se apoia em uma teoria linear do desenvolvimento para interpretar a Reforma como uma primeira revolução burguesa e, conformemente, em inspirar politicamente o espectador de agora. Se a Reforma já pode ser uma revolução burguesa *in nuce*, como algumas vezes se diz, não deveria ser Münzer, mas sim Fugger, o herói trágico, que não conseguiu impor seus interesses econômicos sobre o poder de mando corporativo. Os devedores de Fugger, a alta aristocracia do império, permaneceram por mais tempo no poder do que o credor financeiro deles, cuja família eles podiam integrar, por todas as partes, em seu sistema.

A realidade histórica era, e essa não é apenas uma questão da teoria, senão que também da simples leitura das fontes, mais complicada do que Forte percebeu. Teologicamente revolucionário, Lutero era economicamente conservador. Fugger, ao contrário, que Forte punha no mesmo barco com Lutero, era economicamente progressista, mas teologicamente conservador. As linhas conflitivas transcorriam não de maneira linear, senão que eram fraturadas e de múltiplas camadas.

Citemos Goethe por uma última vez: "Quanto mais uma produção poética seja incomensurável e incompreensível para a razão, tanto melhor".[20] Poderia ser que Goethe desse modo

---

20 Eckermann, *Gespräche mit Goethe in del letzten Jahren seines Lebens* [*Conversações com Goethe nos últimos anos de sua vida*], também em Goethe, *Sämtliche Werke: Briefe, Tagebücher und Gespräche*, v.39, p.616 (*Gespräch*, v.6, maio 1827).

exigisse algo da poesia a fim de que ela valesse tanto mais se mostrasse a realidade histórica. A história deixa-se racionalizar verbalmente, por isso mesmo ela ainda não é racional.

Verlobung in St. Domingo [Noivado em São Domingos], de Kleist, como apresentação da primeira sublevação dos escravos, sob o signo da Revolução Francesa, ou *Benito Cereno*, de Melville, como história-chave da guerra civil norte-americana poderia demonstrá-lo. Os testemunhos verbais desses poetas capturam a realidade histórica da situação, por volta de 1800 ou de 1860, mais do que poderiam fazer todos os tipos históricos de texto. Pois a separação de fato existente não é entre ficção e facticidade, senão entre história e testemunhos verbais.

3. Uma observação final sobre a história da literatura que hoje se delineia como história social da literatura ou como história da recepção: uma ciência assim compreendida torna-se, no melhor sentido, historiografia. Ela apenas põe sobre suas costas aquelas dificuldades metodológicas e teóricas que os historiadores comuns se impõem: ou seja, permanecem dependentes do direito de veto das fontes, sem o qual já muita realidade histórica poderia ser descrita. De todo modo, é lícito que a ciência da história agradeça ao socorro que recebe de tal ciência da literatura, novamente concebida. A "história" entra outra vez pela porta de serviço, depois que muitos haviam pensado que lhe estivesse fechada a porta da frente.

4
Para que ainda investigação histórica?[1]

a Werner Conze, pelo 31 de dezembro

Põe-se a pergunta para que, em suma, ainda levamos a cabo a investigação histórica (*Historie*)? O desagrado pelas aborrecidas aulas de História na escola e pelo ensino universitário, pela pouca importância dada à pesquisa no espaço público se manifestam e provocam a pergunta: para que ainda a investigação histórica?

Com essa pergunta torna-se pública e aguça-se a crise do historismo, que, depois da Primeira Grande Guerra, Heussi registrava.[2] Depois da Segunda Grande Guerra, antes se parece tratar não só de uma crise da concepção histórica do mundo, mas de um relativismo reproduzido ao infinito: manifestamente, trata-se de uma crise da história de um estrito setor de pesquisa. É nossa ciência como tal que é questionada. É inquestionável que a crise da investigação histórica depende da

---

1 Originalmente, em *Historische Zeitschrift*, v.212, p.1-18, 1971; republ. em *Sinn und Unsinn der Geschichte*.

2 Heussi, *Die Krisis des Historismus*.

crise do historismo, assim como a ciência da história se baseia no historismo.

Talvez essa pergunta também seja invocada por aquela exigência irresgatável de que a "história" (*Geschichte*) tenha de dominar o passado, nosso passado. Com isso, estabelecemos um preço excessivo: o passado é passado e, como tal, não mais passível de reprodução – no máximo, violentado acriticamente. A ambiguidade do "passado" – que também é presente – é reconhecida quando se crê poder-se renovar o passado. A nós, historiadores, sempre parece uma tarefa difícil considerar a história como tribunal do mundo. Apesar de que aquele postulado contém o desafio justo de que se há de ver criticamente a história como ciência do passado, que se pode ganhar para a práxis de hoje e do futuro um conhecimento mais agudo das condições da ação. Noutras palavras, a questão de Nietzsche sobre a utilidade e inconveniente da investigação histórica para a vida volta a ser posta. Esse me parece ser ainda hoje o sentido da pergunta enfaticamente formulada: para que ainda investigação histórica?

Antes que nos fixemos em uma resposta, gostaria de me referir à situação histórico-científica da investigação histórica, em consonância com as ciências humanas* e sociais. O diagnóstico é bem conhecido. Desde a Primeira Grande Guerra, as ciências humanas e sociais têm sido submetidas a um processo rápido e crescente de desistoricização. O único vínculo que mantinha unida a antiga faculdade de filosofia era a compreensão de si e do mundo. Todas as disciplinas eram tratadas

---

* Traduzirei *Geisteswissenchaften* por "ciências humanas". [N. T.]

no meio da consciência histórica. O velho *tópos* da mudança perpétua desmoronou de uma só vez por volta de 1800; a mudança constante foi, muitas vezes tacitamente, submetida a princípios regulativos, como o *devir*, o desenvolvimento, o progresso; a explicação causal foi geneticamente condensada dentro da sequência temporal; por fim, *proliferaram* os naturalismos biológicos, sem os quais sua significação metafórica, especialmente para os questionamentos históricos, seria desvendada. A todos os movimentos são atribuídos substâncias ou valores, que são relativizados mas não parecem questionáveis. A pergunta sobre a verdade é por todas as partes historicamente submetida.

Nesse entretempo, todas as disciplinas escaparam desse historismo da faculdade de filosofia. A economia política esqueceu sua escola histórica e a reconhece apenas sob premissas teóricas do campo da econometria. As filologias se distanciam crescentemente de questionamentos genéticos e mesmo a história da literatura se compreende cada vez menos como história intelectual (*Geistesgeschichte*); a história das formas e as questões estruturalistas encaminham para uma ciência geral da linguagem e sob sua álgebra a investigação histórica empalidece. Do mesmo modo, a história da arte, tendo em conta a arte moderna, precisa desenvolver uma teoria da arte para que ainda possa se justificar como ciência. Também as disputas metodológicas sob as quais vivem os sociólogos se apoiam em uma reserva anti-histórica, que tem a função de respaldar uma cientificidade purificada correspondente. Por fim, a própria filosofia crescentemente abandona a venerável construção da história da filosofia edificada desde Hegel. Como hermenêutica, é fomentada uma autocompreensão meta-histórica;

muitas questões são abordadas de maneira verbal-analítica, tratadas a-historicamente e ostentam pontos de contato com a hermenêutica.

Também registramos um precedente que isolou nossa corporação. A investigação histórica se volta para si mesma. Parece viver do passado e não sabe exatamente qual seu lugar nessa faculdade desistoricizada. Algumas áreas, por conta de sua atualidade, por exemplo a história dos partidos, a história social, do nacional-socialismo ou as causas da guerra, ainda parecem satisfazer certa necessidade geral. Mas a infinita quantidade de objetos históricos do conhecimento de todos os tempos e espaços perderam a função formativa que tinham para a compreensão do mundo histórico.

Daí decorre que a ciência histórica tenha perdido sua função política, antes ingenuamente assumida, como se mostra por estarem hoje deslocados os discursos inflamados pronunciados por um professor de história nas datas comemorativas e festivas. Os sociólogos são hoje inseridos no papel não invejável de exegeta. Nós, historiadores, somos trazidos de volta para nós mesmos e, por muitos aspectos, nossa disciplina se tornou uma ciência para seus próprios especialistas. Essa redução assim provoca, a partir da imanência da história da ciência, a pergunta: para que ainda a investigação histórica? – a menos que sua finalidade esteja em si mesma.

Se observamos outra vez o processo de desistoricização das ciências sociais e humanas, torna-se significativa uma peculiaridade que ressalta e especialmente prejudica a investigação histórica. Todas as áreas particulares de pesquisa têm a sua própria sistemática, desenvolvem suas próprias teorias, que analisam o espaço geral de experiência das ciências sociais e humanas. A sociologia *tem* a ver especialmente com a sociedade; a ciência política com o Estado, com a Constituição e a política, em geral; as ciências da linguagem, com a *língua* e as *linguagens*; a etnologia e a antropologia com o homem e as culturas; a economia, com a atividade econômica, e assim por diante. A metamorfose metodológica das reservas de experiência parece, desse modo, completar-se em vias da desistoricização e, para a investigação histórica, como tal não resta nenhum objeto genuíno de conhecimento.

A primeira consequência que daí se pode extrair seria assim formulada: a ciência da história como tal se desfez quando foi subsumida pelas diversas ciências particulares e por seus aspectos sistemáticos correspondentes. Em si mesma, essa situação é incontestável. A investigação histórica serve de fato às outras ciências particulares como uma espécie de ciência auxiliar e suplementar. Nenhuma sistemática é suficiente sem os dados históricos que nela entram, assim como são sempre hipoteticamente escolhidos e aproveitados. Na medida em que a investigação histórica é especificamente agregada a um objeto, a ela apenas resta o método histórico, de que se servem subsidiariamente as outras ciências. Como declara Lévi-Strauss: "na verdade, a ciência da história não está ligada ao homem ou a qualquer outro objeto em particular. Ela consiste apenas em seu método".[3] Esse primeiro resultado é aceito e não se o menospreza. Nenhuma ciência, que se pretenda a-histórica ou anti-histórica, pode escapar de suas implicações históricas. Enquanto entrelaçadas as dimensões temporais da existência hu-

---

3 Lévi-Strauss, *Das wilde Denken*, p.302.

mana, elas provocam que cada futuro contenha um passado e todo passado, um futuro, de tal modo que não se pode eliminar a investigação histórica como meio da autoconsciência, como determinação de limite ou mesmo de conteúdo da práxis da pesquisa. Aponta-se com Heidegger *que* a finitude da existência remete a essa temporalidade, que traz consigo as valências históricas de cada situação. Assim, falando genericamente, cada ciência permanece historicamente impregnada. Onde, por exemplo, métodos comparativos sejam empregados, confronta--se a pressão de se alcançarem determinações diacrônicas profundas. As generalizações vivem de casos particulares que sempre conservam o valor de seu posicionamento histórico.

O entrelaçamento do sujeito com o objeto, tão discutido ultimamente, aponta em todas as ciências para a sua historicidade. Mostra-se, em consequência, em todas as ciências a dimensão histórica: qual interpretação legal pode prescindir das condições de surgimento de uma lei? Qual análise de uma obra de arte pode, para falar com Kubler, abstrair que todas as obras de arte põem problemas de que só as obras posteriores poderão solucionar?[4] Qual série temporal abstrata e modelar de uma teoria econômica pode prescindir de dados que se deram historicamente apenas uma vez? Qual trama analítico-verbal, qual metalinguagem pode prescindir da prioridade e da mudança constante da linguagem falada?

Poupem-me de mais exemplos. A desistoricização das ciências particularizadas destruiu a única liga de uma visão histórica do mundo, mas não pôde *eliminar* as implicações históricas

4 Cf. Kubler, *The Shape of Time: Remarks on the History of Things*, p.54 ss.

contidas em cada ciência. Daí que a investigação histórica permanece como o método de pesquisa, um meio auxiliar, para mais ou para menos imprescindível no cosmos de nossas ciências. Todas as ciências se explicitam pela história de si mesmas. As ciências sociais e humanas, especialmente por suas áreas de pesquisa, não podem renunciar à subsidiariedade do método histórico.

Com essa confirmação permanece não *respondida* a nossa própria pergunta: para que ainda a investigação histórica, enquanto tomada em si e para si? Tem ela, em suma, sua própria área de pesquisa? Evidentemente que não, porquanto, sob diversas questões, em cada caso diferenciadas, ela se coapresenta com as demais ciências sociais e humanas. A definição habitual do objeto da pesquisa histórica: o homem e suas transformações, suas atividades e padecimentos, inclui as áreas da filologia, da sociologia, da ciência política ou do que se queira. Assim, logo se impõe uma resposta que parece evidente: a própria história é seu campo de pesquisa. Enquanto houver história, haverá investigação histórica. A responsabilidade para a difícil pergunta – para que ainda a investigação histórica? – parece ser tirada dos ombros do historiador, pois ninguém quererá contestar que há história, que vivemos *sob* seu "feitiço".

Chegamos com isso à segunda parte de nossa indagação. Em rigor, não basta ligar a investigação histórica a uma história cuja "existência" ou "poder" parece indiscutível. Todos conhecemos o clichê do fim dos tempos modernos ou do fim da história; ou, ao contrário, da revolução que *transformará* toda a história de até agora em pré-história; ou aquela virada que converteu a história como o campo da necessidade no império da liberdade – toda a história sucedida devendo ser conduzida das rotas das coerções sobre-humanas em espaço ditoso do planejamento soberano. Ao que se contrapõe a resignação, a fuga da história ou a afirmação de que o sentido de toda história seria a liberação de si mesma. Todas essas viradas pressupõem o questionamento da história. A *pergunta* "para que ainda a história (*Geschichte*)?"* parece ser a *questão* apropriada, provocativa ou desesperada, escondida atrás da crítica de nossa ciência.

Permito-me explicá-lo sinteticamente.[5] A história antes significava sobretudo o sucedido, seu destino, sua exposição e narrativa, particularmente uma sequência de ações sucedidas ou sofridas. No curso do século XVII, especialmente do XVIII, esses dois campos de interpretação, claramente separáveis, foram mutuamente se solapando. Acontecimento e narração se amalgamaram nas significações de ambas as palavras; *Historie* e *Geschichte* se inter-relacionaram, mas com a dominância insuperável da *Geschichte*, por um lado, no duplo sentido de ciência e narração, e, no outro, de conexão de acontecimentos e de efeitos. Tal contaminação verbal testemunha um processo importante. Desde 1770, prepara-se verbalmente a virada transcendental que levou à filosofia da história do idealismo. A fórmula de Droysen de que a história é apenas o conhecimento de si mesma é o resultado desse desenvolvimento. Noutras pa-

---

* Embora já deva parecer evidente que traduzimos *Historie* por "investigação histórica" e *Geschichte* por "história", para evitar dúvidas na presente frase explicitamos o termo alemão usado. [N. T.]

5 Cf. para o que se segue, ver Koselleck, verbete "Geschichte, Historie. V. Die Herausbildung des modernes Geschichtsbegriffs", em Brunner; Conze; Koselleck (orgs.), *Geschichtiche, Grundbegriffe: Historisches Lexikon zur politisch-sozialen Sprache in Deutschland*, v.2, p.647-91.

lavras, a história se converteu em uma categoria subjetiva da consciência – como de resto também os conceitos de "revolução" e de "progresso".

A "história em si" (*Geschichte an sich*), como tal, "por antonomásia", todas essas expressões então emergem e em comum testemunham uma profunda reviravolta de experiência. A história se torna reguladora da consciência para toda experiência que se faça: a ação e o padecimento dos homens, a práxis da política, a certeza da Revelação, a literatura novelesca e a literatura banal, o drama, as artes plásticas, as descobertas progressivas da pesquisa, tudo isso é mediado pela consciência histórica. A "história propriamente dita" liberou o historismo.

Daí deriva uma outra característica, não menos importante que a história do conceito de história nos impõe, na virada sucedida por volta de 1770. A história (*Geschichte*) era antes uma forma plural das formas no singular de "*das Geschichte*" e "*die Geschichte*". Um dicionário de 1748, por exemplo, declara que "as histórias são um espelho da virtude e do vício, dentro dele se pode aprender pela experiência alheia o que fazer ou deixar de fazer, são um monumento dos atos maus, assim como dos louváveis".[6] A história, então, consistia em uma totalidade de histórias particulares, cada uma das quais tinha seu próprio contexto, que exemplarmente apontava para histórias semelhantes. As histórias podiam, deste modo, se repetir; por isso podia-se aprender com elas. Assim, Bodin, tendo em conta as histórias no plural, escrevera, para o melhor conhecimento dos historiadores, o seu *methodus*.[7]

---

6 Jablonski, *Algemeines Lexikon der Künste und Wissenschaften*, p.386.
7 Cf. Bodin, *Methodus ad facilem historiarum cognitionem*.

Até as proximidades da Revolução Francesa, só havia histórias determinadas, cada um das quais tinha seu sujeito inerente, ou seja, a representação de seu objeto concreto. Havia somente histórias de algo: a história de Carlos, o Grande, a história da França, da Igreja, dos dogmas e mesmo a *historia universalis* se relacionava à totalidade das fontes empíricas das diversas histórias particulares do mesmo tempo. Naturalmente, ainda hoje conhecemos e escrevemos *sobre* tudo isso. Mas o conceito de história ganhou um novo estado de agregação.

Como forma plural das histórias particulares, a história compacta-se em um coletivo singular. Só desde 1770 pôde-se formular o antes impossível de ser articulado: a história propriamente dita. Noutras palavras, *a* história se torna sujeito e objeto de si mesma. Atrás desse êxito histórico-verbal anuncia-se nossa experiência especificamente moderna: o movimento, a mutabilidade, a aceleração, o futuro aberto, as tendências revolucionárias e sua surpreendente unicidade, a modernidade *sempre a* superar-se a si mesma, a totalidade das experiências temporais de nossa modernidade são expressas no singular coletivo de seu conceito de história.

Só desde então pode-se falar com Hegel do trabalho da história, só desde então natureza e história se confrontam entre si, só desde então pode-se fazer, planejar a história e submeter-se à sua hipotética vontade.

Sintetizemos o resultado de nosso excurso histórico-verbal. A história tornou-se tanto uma categoria subjetiva da consciência como, enquanto coletivo singular, contém a condição de possibilidade das histórias particulares. Uma aponta para a outra e vice-versa.

O conjunto de princípios da ciência histórica, a reflexão histórica sobre a ação política, a pretensão de encontro do sentido ou a instituição de sentido apesar de todo o transcurso temporal, a soma dessas significações converte a "história propriamente dita" (*Geschichte schlechthin*) em um conceito *que se adéqua à* reivindicação de totalidade. Dito doutro modo, desde a Revolução Francesa, a história tornou-se um conceito *meta-histórico*.

Perguntemo-nos pelas consequências desse processo de significação epocal. No campo das ciências históricas, a categoria meta-histórica da história permanece, na maioria dos casos, sem ser objeto de reflexão. Ela é admitida e empregada ingenuamente porque se pensa que dela só se pode ter uma compreensão histórica. Sucede com a história como com muitos metaconceitos: no curso da práxis da pesquisa, os pressupostos que precisam ser criticamente refletidos são polidos porque, em um segundo momento, são usados abruptamente.

Proporcionalmente a seu emprego acrítico, propaga-se dentro e fora das ciências históricas o conceito de história. Nele entram noções secularizadas: a história mundial é o tribunal do mundo, a história torna-se onipotente, onisciente e justa, por isso se é responsável perante ela. Ernst Moritz Arndt defendia a honra da história alemã.[8] A história é excessivamente enfatizada; torna-se sagrada. Treitschke proclamava que se ofendera a magnificência da história alemã.[9] "Devemos pintar a história, a história é a religião de nosso tempo, só a história é con-

---

8 Cf. Arndt, *Stenographischer Bericht über die Verhandlungen der deutaschen constituirende Nationalversammlung zu Frankfurt am Main*, v.2, p.1292.

9 Cf. Treitschke, "Noch einige Bemerkungen zur Judenfrage", em *Der Berliner Antisemitismusstreit*, p.86.

temporânea", escreve a *Zeitschrift für bildende Kunst*, de 1876.[10] Droysen constatou que a oposição da nobreza do século XVII tirou a história prussiana de seu caminho e a arruinou. Por um procedimento ainda hoje desconhecido, media a história real por uma desejável e igualmente verdadeira. Hitler clamava: "O destino nos elegeu, no sentido mais alto da palavra, a fazer *história*. O que milhões de homens dissipam, a Providência nos concedeu. Por conta de nossa obra, a posteridade mais remota ainda nos lembrará".[11] Pela última afirmação, Hitler por certo tinha razão, conquanto *tenha imposto* a suposição de que *os resultados* que alcançou *derivaram* da convicção, *empiricamente irrefutável*, com que *acreditou* poder fazer história. Por fim, um último documento que a investigação científica nos leva a lembrar do uso verbal não científico: na deliberação prévia acerca da elaborada história do Partido [Socialista Unitário da Alemanha (SED)] na Alemanha Oriental, "o companheiro Ulbricht, em um aparte, hoje pela manhã, declarou que os historiadores nos deram mais trabalho que a própria história [...]".[12]

Que nos mostra a série das comprovações apresentadas? A história como coletivo singular e como categoria da consciência se manifesta como extremamente flexível e adaptável. Ela se torna receptáculo de todas as ideologias pensáveis que podem invocar a história porque a própria história não é criticamente questionada. A história converteu-se em uma fórmula vazia,

---

10 Citado cf. Lankheit, "Maslerei und Plastik", em *Religion in Geschichte und Gegenwart*, v.4, p.687.

11 Domarus, *Hitler: Reden und Proklamationen*, p.541.

12 Engelberg, "Die Historiker müssen helfen, die Welt zu verändern", *Einheit*, n. esp., p.22, set. 1962.

em um conceito cego. Desse modo, a palavra, consciente ou inconscientemente, fez-se manipulável. À medida que se seculariza, a história recebe o epíteto divino a que os homens servem. Embora originalmente concebida dentro do movimento temporal, a história se torna fortemente substancializada e personificada. Ela por fim é voluntarizada porquanto, na aparência, se dispõe à vontade dos que creem fazê-la. Muito menos o recurso a supostas legitimidades pode estabelecer a diferença entre planejamento e efeito no mundo, mas ao contrário aumentá-la.

Essas reflexões nos levam a uma nova conclusão. À medida que simplesmente indagamos a história da palavra e nos perguntamos sobre o emprego histórico do vocábulo "história", alcançamos algo que nos reconduz a nosso ponto de partida. Sucederia que nosso julgamento crítico, por submeter a história como conceito e seu uso, de repente investiríamos a investigação histórica de cientificidade? Dito de outro modo: quanto mais questionável se torna a "história propriamente dita", quanto mais a investigação histórica é legitimada como ciência crítica. Assim, nos deparamos com uma segunda resposta à nossa questão: para que ainda a investigação histórica?

Perguntemo-nos agora sobre o que tal ciência histórica pode nos oferecer em particular. Devemos nos limitar a indicações e sugestões. Em todo caso, com as comprovações apresentadas até agora não se alcança a justificação suficiente de nossas pesquisas e ensino.

Se refletirmos sobre o que fizemos até agora, ganharemos alguns critérios formais que caracterizam a atividade histórica, critérios em virtude dos quais ela é distinguida de outras ciências e singularizada no espaço público. A análise histórico-

-conceitual detalhada que esbocei serve como exemplo, como entrada para o desenvolvimento de tais critérios, igualmente válidos para outros campos, além da ciência da história.

Se com isso formulei algumas trivialidades, não temi o seu peso, pois lembrar os pressupostos tácitos de nosso trabalho é imperioso para se ter em conta o desafio da investigação histórica.

Confiamos em primeiro lugar no *detalhe concreto*. O deslocamento de significação das histórias (*Historien*) no plural para o coletivo singular da "história em si" (*Geschichte an sich*) é um processo que se deixa medir com exatidão estatística, entre as décadas de 1760 e 1780. Quer se busque responder a questões socioeconômicas ou de história da linguagem ou outras quaisquer, o método histórico, que se deve abrir por entre os casos particulares, não é ultrapassável por nenhum outro método. Isso vale igualmente e sobretudo para a formação do juízo histórico. Nenhuma teoria da história (*Historik*) deixa de reconhecer que os questionamentos subjetivos e seus condicionamentos sociais são um pressuposto inerente aos julgamentos históricos. Nenhuma reflexão autocrítica, no entanto, poupa o cânone metodológico da investigação histórica para que fizesse seus resultados comunicáveis e, assim, controláveis. Só a pesquisa minuciosa retira os enunciados históricos da arbitrariedade, proporciona a prova de se eles podem ser generalizados ou não.

Em segundo lugar, em nosso exemplo tomamos um empréstimo às ciências da linguagem, porquanto a sematologia faz parte delas. Por efeito de suas premissas teóricas, as abordagens semasiológica e onomatopaica não são necessariamente históricas, por isso é tanto mais fecundo seu emprego nos fenômenos sociais e políticos. A compulsão ao trabalho interdisciplinar é apenas o reverso da situação anteriormente descrita de que ciência alguma *pode* recusar *seu* componente histórico. Dito de outra maneira: a ciência da história permanece, de sua parte, obrigada a continuar a ser coerente com a configuração sistêmica das ciências sociais.

Em terceiro lugar, nos referimos a certo *efeito de estranhamento* à medida que mostramos quão pouco a velha "História" era adequada em esboçar o horizonte de experiência moderno de uma história que se compreende como progressiva. Aquela relativa constância da época de antes de 1789, que nos permitiu diagnosticar a mudança a partir da Revolução Francesa, nos mostra que à história nem sempre coubera o sentido popperiano de historismo.[13] O postulado atual, por exemplo, de emancipação — se não perpetuado como uma categoria natural — é formulado tendo em conta formações sociais diversas da nossa. Mas a profundidade temporal, que ultrapassa nossa experiência imediata, só pode ser descoberta com apoio na ciência histórica. Talvez daí resulte que o conflito de gerações tenha uma constância maior do que reconhece uma perspectiva histórico-filosófica fundada no decurso de séculos.

Em quarto lugar, ao analisarmos o emprego da palavra "história" (*Geschichte*), empreendemos uma *crítica da ideologia*. De fato, a pura história das palavras não conhece critério algum pelo qual se pudesse considerar como ideológico certo conteúdo enunciativo. De igual maneira, a crítica da ideologia é o resultado de uma metodologia histórico-filológica conse-

---

13 Cf. Popper, *Das Elend des Historismus*.

quentemente estabelecida que julga os textos de que se ocupa segundo critérios não só externos, mas também internos. Cada ambiguidade ou inconsistência dos textos aponta para situações ou condições externas ao texto, com as quais o texto deve ser cotejado. Assim, o trabalho de nossa investigação consiste em, com a ajuda de textos, chegar a enunciados que ultrapassam os textos, porquanto os situa em um contexto histórico de significação. Daí nos distinguimos das ciências humanas que tematizam os próprios textos ou por causa deles em virtude do componente de crítica da ideologia presente em nosso método. Não podemos evitar de nos entregarmos à crítica da ideologia, ainda que os critérios variem de acordo com as premissas introduzidas. Talvez, ao chegarmos ao fim desta reflexão, se faça evidente que a própria crítica da ideologia seja apenas uma variante do historismo, que vive da "história em si", que, precisamente, não há "em si". Lucien Sebag mostrou o quanto são heterogêneas as estruturas verbais e as realidades históricas, de tal modo que é impossível reduzir uma à outra.[14] Permanece um problema da consciência *histórica* que suas estruturas não possam ser recobertas pela realidade histórica. Não escapam desse dilema aqueles que projetam o futuro de maneira utópica, o qual, na aparência, se conforma à consciência porque seu substrato histórico não pode ser experimentado.

Em quinto lugar, não dissemos o que a *indagação histórica (Historie)*, enquanto ciência, não pode fazer: *não apresentamos nenhum modo de proceder* para o futuro. Apesar do que, é preciso fundamentar nossa afirmação inicial que o ensino da história, que

---

14 Cf. Sebag, *Marxismus und Strukturalismus*, p.227 ss.

sobretudo nos concerne, não é ou não pode permanecer um fim em si mesmo. *Historia magistra vitae* e não *historia magistra historiae*. As velhas histórias, como as aprendíamos até o século XVIII, inclusive no XIX, sempre continham um momento de aplicação imediata, fosse para a política, para o direito, para a moral, mesmo no campo teológico. O ciclo natural de todas as coisas era o pressuposto teórico, também empiricamente efetivado, em que se fundava a estabilidade relativa e duradoura da vida social. Desse pressuposto decorria a repetitividade das histórias e assim também a utilidade de seu ensino.

Desde que se descobriu a "história em si" (*Geschichte schlechthin*), sua unicidade, aprendeu-se que dela não se derivava ensino algum. As "histórias aplicadas", que ostentamos no âmbito linguístico da língua alemã,[15] não são mais adequadas para rebater o dito hegeliano. Cada experiência modifica o ponto de partida e assim a própria experiência. A experiência passada, realizada por outros, não é imediatamente transferível.

Devemos nos contentar com isso, mas nisso está a sua vantagem. A renúncia à atualidade é a condição de uma aplicação mediada que só a investigação histórica como ciência pode liberar. A investigação histórica mostra perspectivas, redes de condições para ações possíveis; proporciona dados *que* extrapolam em tendências e, nesse sentido, fazem parte de um prognóstico. Pertence à historicidade da existência e aos pressupostos de nossa ciência o fato de as perspectivas estarem ligadas ao lugar. De tais pressupostos decorre um preceito metodológico.

---

15 Cf. como exemplo Wolf, *Angewandte Geschichte: Eine Erziehung zum politischen Denken und Wollen*, e a derivada *Angewandte Rassenkunde: Weltgeschichte auf biologischer Grundlage.*

Daí, contudo, não deriva que a singularidade consciente de um ponto de vista seja um atestado de garantia para a veracidade dos enunciados que sejam proferidos. Também a referência ao valor, hoje tantas vezes formulada, não é um cheque em branco para os juízos valiosos, tampouco daí deriva uma indicação para a ação. Lembremo-nos quão repetitivamente Hitler jurava pelos valores, sobretudo pelo "valor supremo" (do povo alemão) e as consequências disso quanto ao não valor. Com isso evidencia-se que a palavra "valor", como tal, é vazia de significado e permanece exposta a todas as arbitrariedades.

Dos exemplos histórico-conceituais referidos derivam cinco critérios formais, que caracterizam a nossa atividade científica: a atenção ao detalhe concreto; a pressão de servir-se das premissas teóricas também das ciências vizinhas; o efeito de estranhamento dos enunciados históricos; a implicação crítico-ideológica dos métodos histórico-filológicos; e a impossibilidade de haver uma derivação imediata proveitosa do conhecimento histórico. O catálogo pode ser ampliado, mas me parece suficiente para que ganhe um aspecto positivo a pergunta sobre a investigação histórica, seu ensino e sua continuidade.

Devo aqui manifestar uma reserva. Os critérios formais apontados na verdade derivam de nossa metodologia, mas não excluem que também se justifiquem para as ciências sociais e humanas vizinhas. Para que legitimemos a investigação histórica, será então preciso dar um sentido mais compacto à nossa questão.

Esbocei prioridades e limites de nosso método, mas pouco tratamos do objeto da história, especialmente do passado. Isso remete ao fim de minha exposição.

Descrevemos no começo a "história" (*Geschichte*) como uma categoria meta-histórica; esboçamos o espaço ideológico que desde então se estabeleceu e limitou nossa tarefa. A "história" não admite nenhuma reflexão crítico-verbal ou metodológica. A descoberta da historicidade como uma categoria existencial para a finitude do homem e para a permanência da mudança apenas desloca o problema: a historicidade é um sintoma da irrecuperabilidade do que se chama história.

Estamos diante de uma antinomia da história. O passado é absoluta *e* irrecuperavelmente passado. Mas, ao mesmo tempo, o passado é presente e contém futuro. Ele limita as possibilidades vindouras e libera outras, está previamente dado em nossa linguagem, está gravado em nossa consciência, assim como no inconsciente, em nossos modos de conduta, em nossas instituições e em sua crítica.

Quem se ocupa do passado confronta-se consigo mesmo; ou, para falar com Hegel, o que fazemos como historiadores "não é propriamente história ou é uma história que ao mesmo tempo não é".[16] Aqui, não resolveremos essa antinomia e permanece indecidido se ela é resolúvel. Mas uma coisa parece segura: devemo-nos pôr essa antinomia. Isso, porém, pressupõe que esclareçamos o problemático de nossa ciência. Para tanto, então, ainda se permite uma alusão à necessidade de teorização de nossa ciência.

---

16 Hegel, *Einleitung in die Geschichte der Philosophie*, p.133. Hegel, que aqui reflete sobre a ambivalência do conceito moderno de história, no mesmo contexto (p.134) antecipou a crítica do historismo: "Se a tendência histórica prepondera em uma época, pode-se supor que o espírito caiu em desespero e morreu".

A história, uma vez que nossa experiência foi declarada, não se deixa destruir pela crítica. Em vez disso, sucede que outra vez esquecemos a significação transcendental que originalmente é inerente ao conceito. Ao ser verbalmente articulada, a *"própria história"* (*Geschichte selbst*) era idêntica à "filosofia da história". E antes que a ciência histórica tenha buscado se separar dos sistemas teleológicos dos sistemas das filosofias idealistas da história, os historiadores se esforçaram na escrita de uma história hipotética. A investigação iluminista da história buscava uma construção sistemática e uma teoria da "história em si". Dito de outro modo, era sua própria obrigação de teorizar que se punha junto do conceito da *"própria história"*.

Depois que as filosofias da história dos séculos passados foram ultrapassadas, esse postulado precisa ser reposto. Para isso precisamos desde logo nos assegurar da ajuda das ciências vizinhas, que de sua parte vivem de nossos métodos. Há uma imensa quantidade de hipóteses que entram tacitamente em nossa práxis de pesquisa, sem nos darmos conta. Popper uma vez enumerou uma série de regularidades, cuja aplicabilidade formal nos *daria* ocasião de desenvolver uma teoria da história (*Historik*).

Tão logo se nos façam claras nossas premissas teóricas se nos mostrará o quanto estamos relacionados às ciências sociais. E isso necessariamente repercute em nossa práxis de pesquisa. Assim, por exemplo, é preciso que se desenvolva uma antropologia histórica, como projetaram Foucault ou Van den Berg. Como de outra maneira podem-se investigar fenômenos como o dos campos de concentração, a menos que permaneçam como registros de atrocidades. Para que os campos de concentração sejam vistos além do que mostram imediatamente, é preciso contar-

-se com a ajuda de uma patologia social. Temos com efeito de integrar à nossa ciência as categorias aparentemente estranhas e as dotemos de coeficientes de mobilidade histórica. Mas não podemos evitar o emprego de tais questões antropológicas se queremos alcançar um conhecimento adequado dos fenômenos mencionados, conhecimento que seja capaz de influir em nossas condutas.

Para mencionar outro exemplo: *há* urgência em reintegrar as ciências econômicas *na* história social – o que pressupõe ter havido uma separação nos tempos modernos que nunca se deu nas pesquisas sobre a Idade Média. Tal reintegração, contudo, pressupõe o conhecimento de teorias econômicas, que na *history of new economic*, pode conduzir a resultados surpreendentes, justamente porque seu pressuposto teórico não é de ordem histórica.

Uma outra exigência seria tornar utilizáveis os resultados da linguística moderna para a investigação histórica. Pensado em suas premissas teóricas, o fracionamento semantológico do conceito de história que procurei empreender há de *cobrir* todos os enunciados substanciais de que nos servimos ingenuamente. Estado, povo, classe, século, raça, personalidade são grandezas cuja unidade substancial de ação deve ser usada apenas hipoteticamente. Mas a dessubstancialização alcançada de tais conceitos conduz a uma temporalização de seus significados categoriais. Assim, nos deparamos com uma tarefa especificamente histórica: tematizar suas conexões intersubjetivas, na verdade, suas extensões temporais, em vez de tê-las como grandezas fixas. Mas correlações em si mesmas móveis só são descritas funcionalmente por meio de constantes hipoteticamente introduzidas, que, de sua parte, hão de ser outra vez interpretadas, noutros arranjos funcionais, como variáveis. A chamada história estrutural, em que se inter-relacionam duração e mudança, não pode ir adiante senão por meio de hipóteses temporais.

Assim, chegamos a nosso último postulado. Não dispomos de uma teoria plena que, em suma, diferencie nossa ciência das demais ciências sociais: uma teoria dos tempos históricos. Até hoje não se cumpriu a exigência de Kant de que não se disponha a história segundo a cronologia, mas, ao contrário, de que a cronologia seja subordinada à história.[17] Há muitas camadas temporais, que se dão a conhecer por uma antecedência e uma posteridade, que, entretanto, não são disponíveis em sua sequência linear pela disposição da cronologia natural.[18] Daí decorre que se ponham a descoberto as estruturas temporais em conformidade com as variadas formas de movimento histórico. A temporalidade dos acontecimentos históricos e as estruturas de decurso dos processos históricos podem conectar a história – por assim dizer, a partir de si mesma.

Mostra claramente o caráter fundamental da dificuldade que a investigação histórica enfrenta o fato de que ela deva tomar todas suas categorias dos âmbitos natural e espacial. Vivemos em uma metafórica proveniente da natureza e não podemos dela prescindir, porque o tempo não nos é dado pela intuição. Em nosso esforço de traduzir verbalmente os tempos

---

17 Cf. Kant, "Anthropologie in pragmatischer Hinsicht" (1798), em Weischedel (org.), *Werkausgabe*, v.12: *Schriften zur Anthropologie, Geschichtphilosophie, Politik und Pädagogik*, p.503.
18 Cf. Lévi-Strauss, op. cit., p.296 ss.

históricos, dependemos tanto mais de hipóteses genuínas que nos justifiquem ante as outras ciências.

De qualquer modo, precisamos de uma teoria dos tempos históricos se queremos esclarecer a relação entre a "história em si" (*Geschichte an sich*) e as muitas histórias no plural. Embora *a história* (*Geschichte*) *seja ideologizável*, ela permanece, enquanto categoria transcendental, condição de nossa experiência moderna. Como tal, nunca se ajusta às histórias particulares por ela experimentadas ou investigadas, mesmo se só ela as faça reconhecíveis.

Seria de fato impertinente afirmar que, por meio da formação do conceito de "história propriamente dita", que, acrescente-se, representa uma criação verbal especificamente alemã, todos os acontecimentos anteriores à Revolução Francesa teriam de ser reduzidos à pré-história. Basta lembrar Agostinho, que pela primeira vez afirmou[19] que, se a investigação histórica se ocupa com as instituições humanas, a própria história (*ipse historia*) não é uma criação humana. A própria história não seria senão a *ordo temporum* planejada antecipadamente por Deus. Nessa medida, a significação meta-histórica – e também temporal – da *historia ipsa* não é um achado moderno, senão que já fora antes teologicamente pensada. Não obstante, não é acidental que até durante o século XVIII não se encontre um conceito que cubra as histórias, *res gestae* (obras), *pragmata* (ações) e *vitae* (vidas), e que a partir de então elas sejam agrupadas no conceito de "história". No coletivo singular.

---

19 *De doctr. christ.*, II, XXVIII, p.44.

A diferença epocal entre a "história em si" (*Geschichte an sich*) – o espaço de experiência do historismo – e as histórias, no velho sentido, entendidas sob pressupostos míticos, teológicos ou outros, só pode ser ultrapassada se nos *interrogarmos* pelas estruturas temporais peculiares, igualmente, da história no singular (*Geschichte*) e das histórias no plural (*Geschichten*).

Por isso a pergunta pelas estruturas temporais serve para a abertura teórica de nosso genuíno campo de pesquisa. Ela franqueia uma via para articular de forma imanente todo o campo da investigação histórica, sem se ater a tríades cronológicas e sem que se permaneça no umbral da experiência semântica de uma "história em si" (*Geschichte schlechthin*), estabelecida por volta de 1780.[20] Só as estruturas temporais, ou seja, as ine-

---

20 Se se considera que os pontos de vista descritos, que se admitem como postulados, esclarecem a necessidade de teorização de nossa ciência, daí resultam consequências práticas, das quais nomeamos duas: em primeiro lugar, a divisão atual das disciplinas na universidade e na escola e os planos de ensino daí decorrentes se mostram defasados. Não se dá conta se o penduricalho cronológico, decomposto desde Cellarius na tríade mitológica Antiguidade, Idade Média e Tempos Modernos, deva ser eficaz para a pesquisa e o ensino. Há apenas uma ciência geral passível de ser dividida segundo questionamentos. Que as questões não devam se dividir apenas por segmentos temporais, mas também por estratos temporais é um postulado que terá consequências imediatas para a muito esforçada disciplina didática.

Em segundo lugar, das premissas teóricas em processo de elaboração deriva uma clara coordenação entre as várias ciências sociais e as ciências humanas. Para a práxis, isso significa que, em consideração das dificuldades diante de nós existentes, só podemos estudar a *Historie* como uma disciplina que tem as disciplinas vizinhas como suplementares e complementares de nossos questionamentos his-

rentes a contextos de acontecimentos e por eles registrados, podem distribuir de modo adequado o espaço histórico de experiência no campo próprio de pesquisa. Essa antecedência teórica possibilita a pergunta precisa, porquanto diferencia a história sem mais das muitas histórias de tempos passados. Essa antecipação nos dá acesso à outridade das histórias anteriores ao nosso tempo moderno, sem que devamos abandonar sua semelhança entre si e com a nossa história. Só com essas premissas teóricas podemos fazer afirmações sobre o simultâneo do não simultâneo. Só assim poderemos introduzir na ciência conceitos questionáveis como o de aceleração, de progresso ou mesmo de história como tal (*Geschichte selber*).

Por fim, a pergunta pelas estruturas temporais é bastante formal para que possibilite formas de decurso histórico e de sua descrição sem se deixar enredar em sua precedente interpretação mítica ou teológica. Mostrar-se-á desse modo que muitas áreas que hoje definimos como temáticas genuinamente históricas eram antes vistas sob outros pressupostos, sem que nisso se descobrisse o objeto de conhecimento de uma história.

Na travessia *pela* "história" (*Geschichte*) são de novo descobertas as histórias, as de antes e as de hoje. Como dizia Humboldt: "O historiador que é digno deste nome deve tomar cada acontecimento como parte de um todo, ou, o que dá no mesmo, em suma, apresentar em cada um a forma da

---

tóricos (*geschichtlichen Fragestellungen*). As disciplinas complementares à *Historie* podem, contudo, ser ensinadas na escola. Seríamos todos, na universidade e na escola, que ganharíamos com essa organização. E, com isso, a *Historie*, como ciência.

história".[21] A forma da história (*Geschichte*), em suma, e, com isso, as histórias que se fazem visíveis por ela, é sua temporalidade específica.

---

21 Humboldt, "Über die Aufgabe des Geschichtsschreibers" (1821), em Flitner; Giel (orgs.), *Werke in fünf Bänden*, v.1: *Schriften zur Anthropologie und Geschichte*, p.590.

Referências bibliográficas

ADAMS, Henry. A Law of Acceleration. In: *The Education of Henry Adams*: An Autobiography. Boston; Nova York: Houghton Mifflin Co., 1918.

ALSTED, Johann Heinrich. *Scientiarium omnium encyclopaedia*. 4v. Lyon: J. A. Huguetan filii et M. A. Ravaud, 1649.

ARISTÓTELES. *Poética*. Bauru: Edipro, 2011.

ARNDT, Ernst Moritz. *Stenographischer Bericht über die Verhandlungen der deutschen constituirende Nationalversammlung zu Frankfurt am Main*. Org. Fritz Wiegard. 9v. Frankfurt am Main: Sauerländer, 1848-1850.

ARNOLD, Sabine R. *Stalingrad im sowjetischen Gedächtnis*. Viena: Projekt, 1998.

BERADT, Charlotte. *Das dritte Reich des Traums*. Munique: Nymphenburguer, 1966. [Ed. bras.: *Sonhos no Terceiro Reich*. São Paulo: Três Estrelas, 2017.]

BODIN, Jean. *Methodus ad facilem historiarum cognitionem*. Paris: Libraire Philosophique J. Vrin, 1566.

BRAUN, Hermann; RIEDEL, Mardred (orgs.). *Natur und Geschichte*: Karl Löwith zum 70. Geburstag. Stuttgart: W. Kohlhammer, 1967.

BRINTON, Crane. *The Anatomy of Revolution*. Nova York: W. W. Norton, 1938. (2.ed. rev. e ampl., 1965.)

BRUNNER, Otto; CONZE, Werner; KOSELLECK, Reinhart (orgs.). *Geschichtliche Grudbegriffe*. v.2. Stuttgart: Klett-Cotta, 1979.

CAYROL, Jean. *Lazarus unter uns.* Stuttgart: Schwab, 1959.

COSERIU, Eugenio. *Synkronie, Diachronie und Geschichte*: Das Problem des Sprachwandels. Munique: Fink Signatur, 1974.

CRAMER, Friedrich. *Der Zeitbaum*: Grundegung einer algemeinen Zeittheorie. Frankfurt am Main: Insel, 1993.

DOMARUS, Max (org.). *Hitler*: Reden und Proklamationen, 1932-1945. Munique: Süddeutscher, 1965.

DUTT, Carsten (org. e posf.). *Vom Sinn und Unsinn der Geschichte*: Aufsätze und Vorträge aus vier Jahrzehnten. Frankfurt am Main: Suhrkamp, 2010.

ECKERMANN, Johann Peter. *Gespräche mit Goethe in del letzten Jahren seines Lebens.* Org. G. Michel. Frankfurt am Main: Deutscher Klassiker, 1999. (= Goethe, J. W. *Sämtliche Werke*: Briefe, Tagebücher und Gespräche. v.39. Frankfurt: Klassiker, 1985.)

ENGELBERG, Ernst. Die Historiker müssen helfen, die Welt zu verändern. *Einheit*, n.esp., p.22, set. 1962.

FÉNELON. *Œuvres complètes.* v.6. Paris: [s.n.], 1850.

FONTENELLE, Bernard de. Digression sur les anciens et les modernes (1688). In: DEPPING, Georg-Bernhard (org.). *Œuvres complètes de Fontenelle.* v.2. Paris: Chez A. Belin, 1818. (reimp. Gênova, 1968.)

FORTE, Dieter. *Martin Luther & Thomas Münzer oder Die Einführung der Buchhaltung.* Berlim: Klaus Wagenbach, 1971.

FOUCAULT, Michel. *As palavras e as coisas*: uma arqueologia das ciências humanas. São Paulo: Martins Fontes, 2000.

FUHRMANN, Manfred. Persona, ein römischer Rollenbwegriff. In: MARQUARD, Odo; STIERLE, Karlheinz (orgs.). *Identität*: Poetik und Hermeneutik. 7v. Munique: Fink, 1979.

GADAMER, Hans-Georg. *A atualidade do belo*: a arte como jogo, símbolo e festa. Trad. Celeste Ainda Galeão. Rio de Janeiro. Tempo Brasileiro, 1985.

_____. Teoria da história e linguagem. In: KOSELLECK, R. *Estratos do tempo*: estudos sobre história. Rio de Janeiro: Contraponto; PUC-Rio, 2014. p.111-8.

GADAMER, Hans-Georg. *Verdade e método*: traços fundamentais de uma hermenêutica filosófica. Petrópolis: Vozes, 1997.

GOETHE, Johannes Wolfgang. Brief an König Ludwig I, von Bayern, 12 jan. 1830. In: MANDELKOW, K. R. (org.). *Goethes Briefe.* v.4: Briefe der Jahre 1821-1832. Hamburgo: C. Weigner, 1967.

GOTTSCHED, Johann Christoph. *Versuch einer Critischen Dichtkunst.* Leipzig: Breikopf, 1742. (reimp. 4.ed. Darmstadt: Wissenschafdiche Buchgesellschaft, 1962.)

GROSZ, George. *Ein kleines Ja und ein grosses Nein*: Sein Leben von ihm selbst erzählt. Hamburgo: Rowohlt, 1955. [Ed. bras.: *Um pequeno sim e um grande não*. Rio de Janeiro: Record, 2001.]

GUMBRECHT, Hans U. *Nosso amplo presente*: o tempo e a cultura contemporânea. São Paulo: Editora Unesp, 2015.

_____. *Depois de 1945*: latência como origem do presente. São Paulo: Editora Unesp, 2014.

_____. Pirâmides do espírito: sobre a rápida ascensão, as dimensões invisíveis e o súbito esmorecimento do movimento da história dos conceitos. In: *Graciosidade e estagnação*: ensaios escolhidos. Rio de Janeiro: Contraponto; PUC-Rio, 2012. p.15-59.

_____. Depois de aprender com a história. In: *Em 1926*: vivendo no limite do tempo. Rio de Janeiro: Record, 1999.

HEGEL, G. W. F. Vorlesungen über die Philosophie der Geschichte. In: MOLDENHAUER, Eva; MICHEL, Karl Markus (orgs.). *Werke in zwanzige Bänden.* v.12. Frankfurt am Main: Suhrkamp, 1970.

_____. *Einleitung in die Geschichte der Philosophie*. Hamburgo: Felix Meiner, 1959.

HEIDEGGER, Martin. A questão da técnica. In: *Scientiæzudia*, v.5, n.3, p.375-98, 2007.

_____. *A origem da obra de arte*. Lisboa: Edições 70, 2007.

_____. *Ser e tempo*. 10.ed. Petrópolis: Vozes, 2015.

HERDER, Johann Gottfried. Eine Mekakritik zur Kritik der reinen Vernunft. In: IRMSCHER, Hans Dietrich (org.). *Werke in zehn Bänden.* v.8. Frankfurt am Main: [s.n.], 1998.

HEUSSI, Karl. *Die Krisis des Historismus.* Tübingen: Mohr, 1932.

HITLER, Adolph. *Mein Kampf.* 2v. Munique: Franz Eher, 1925.

HOFFMANN, Stefan-Ludwig. Koselleck, Arendt, and the Anthropology of Historical Experience. *History and Theory*, v.49, p.212-36, maio 2010.

HOMOLKA, Walter; BÖCKLER, Annette (orgs.). Die Weisheit des Judentums. Güterloh: Gutersloher Verlaghaus, 1999.

HUMBOLDT Wilhelm von. Über die Aufgabe des Geschichtsschreibers (1821). In: FLITNER, Andreas; GIEL, Klaus (orgs.). *Werke in fünf Bänden.* v.1: Schriften zur Anthropologie und Geschichte. Darmstadt: Wissenschaftliche Buchgesellschaft, 1960. p.585-606.

HUSSERL, Edmund. *Lições para uma fenomenologia da consciência interna do tempo.* Rio de Janeiro: Via Verita, 2017.

ISER, Wolfgang. Die Wirklichket der Fiktion: Elemente eines funktionsgeschichtlichen Textmodells. In: WARNING, Rainer (org.). *Rezeptionsäethetik*: Theorie und Praxis. Munique, 1975. p.277-324.

JABLONSKI, Johann Theodor. *Algemeines Lexikon der Künste und Wissenschaften.* 2.ed. Königsberg; Leipzig: Hartung, 1748.

KANT, Immanuel. Idee zu einer algemeinen Geschichte in weltbürgerlicher Absicht (1784). In: WEISCHEDEL, Wilhelm (org.). *Werkausgabe.* v.11: Schriften zur Anthropologie, Geschichtsphilosophie, Politik und Pädagogik. Frankfurt am Main: Suhrkamp, 1968. p.33-50.

_____. Anthropologie in pragmatischer Hinsicht (1798). In: WEISCHEDEL, Wilhelm (org.). *Werkausgabe.* v.12: Schriften zur Anthropologie, Geschichtphilosophie, Politik und Pädagogik. Frankfurt am Main: Suhrkamp, 1968.

KLUGE, Alexander. *Schlachtsbeschreibung* (1964). ed. rev. e reimp. Frankfurt am Main: Suhrkamp, 1983.

KOSELLECK, Reinhart. Sobre la estructura antropológica y semántica de Bildung. In: *Historia de conceptos*: estudios sobre semántica y pragmática del linguaje político y social. Madri: Trotta, 2012.

KOSELLECK, Reinhart. *Vom Sinn und Unsinn der Geschichte*. Frankfurt am Main: Suhrkamp, 2000.

_____. *Zeichichten*: Studien zur Historik. Frankfurt am Main: Suhrkamp, 2000. [Ed. bras.: *Estratos do tempo*: estudos sobre história. Rio de Janeiro: Contraponto; PUC-Rio, 2014.]

_____. Vom Sinn und Unsinn der Geschichte. *Merkur*, Jahrgang, v.51, n.577, p.319-34, abr. 1997.

_____. Geschichte, Historie. In: BRUNNER, Otto; CONZE, Werner; KOSELLECK, Reinhart (orgs.). *Geschichtiche, Grundbegriffe*: Historisches Lexikon zur politisch-sozialen Sprache in Deutschland. v.2. Stuttgart: Klett-Cotta, 1979.

_____. *Vergangene Zukunft*: Zur Semantik geschichtlicher Zeiten (1965). Frankfurt am Main: Suhrkamp, 1979. [Ed. bras.: *Futuro passado*: contribuição à semântica dos tempos históricos. Rio de Janeiro: Contraponto; PUC-Rio, 2006.]

_____. *Kritik und Krise*: Eine Studie zur Pathogenese der bürgerlichen Welt (1959). Frankfurt am Main: Suhrkamp, 1973. [Ed. bras.: *Crítica e crise*: uma contribuição à patogênese do mundo burguês. Trad. Luciana Villas-Boas. Rio de Janeiro: Eduerj; Contraponto, 1999.]

_____. *Preußen zwischen Reform und Revolution*: Alggggemeines Landrecht, Verwaltung und soziale Bewegung zwischen 1791 und 1848. Stuttgart: Ernest Klett, 1967. (ed. bolso. Munique: Klett-Cotta, 1989.)

_____. Historia Magistra Vitae. Über die Auflösung des Topos im Horizont neuzeitlich bewegter Geschichte. In: BRAUN, Hermann; RIEDEL, Mardred (orgs.). *Natur und Geschichte*: Karl Löwith zum 70. Geburtstag. Stuttgart: W. Kohlhammer, 1967.

_____; DUTT, Carsten. Geschichte(n) und Historik. In: *Erfahrene Geschichte*: Zwei Gespräche. Heidelberg: Universitätsverlag, 2013.

KUBLER, George. *The Shape of Time*: Remarks on the History of Things. New Haven; Londres: Yale University Press, 1962.

KUHN, Thomas S. *The Structure of Scientific Revolutions*. Chicago: University of Chicago Press, 1962. [Ed. bras.: A estrutura das revoluções científicas. 13.ed. São Paulo: Perspectiva, 2017.]

KUNISH, Johannes (org.). *Aufklärung und Kriegserfahrung*: Klassische Zeitzeugen zum Siebenjährigen Krieg. Frankfurt am Main: Dt. Klassiker-Verlag, 1996.

LANKHEIT, Klaus. Malerei und Plastik. In: *Religion in Geschichte und Gegenwart*. v.4. 3.ed. Tübingen: J. C. B. Mohr, 1960.

LAUSBERG, Henrich. *Elemente der literarischen Rhetorik*. Munique: Max Hueber, 1963.

LESSING, Gotthold Ephraim. Über dem Beweis des Geistes und der Kraft (1777). In: GÖPFERT, Herbert G. (org.). *Werke*. v.8: Theologiekritische Schriften III. Munique: Carl Hanser, 1976. p.9-14.

_____. *Briefe, die neueste Literatur bettrefend*, 18 out. 1759. In: GÖPFERT, Herbert G. (org.). *Werke*. v.5: Literaturkritik. Poetik und Philologie. Munique: Carl Hanser, 1973.

LESSING, Theodor. *Geschichte als Sinngebung des Sinnlosen* (1919). Munique: Matthes & Seitz, 1983. p.56-63.

Letzte Briefe aus Stalingrad. Frankfurt am Main; Heidelberg: Die Quadriga, 1950. (2.ed. Gütersloh: C. Bertelsmann, 1954.)

LÉVI-STRAUSS, Claude. *Das wilde Denken*. Trad. do francês Hans Naumann. Frankfurt am Main: Suhrkamp, 1968. [Ed. bras.: *O pensamento selvagem*. Campinas: Papirus, 1990.]

LÖWITH, Karl. *Weltgeschichte und Heilsgeschichte*: Die theologischen Voraussetzungen der Geschichtsphilosophie. Stuttgart: Kohlhammer, 1953.

_____. *Meaning in History*. Chicago; Londres: University of Chicago Press, 1949. [Ed. port.: *O sentido da história*. Lisboa: Edições 70, 1991.]

LÜBBE, Hermann. Zur Identitätspräsentationsfunktion der Historie. In: MARQUARD, Odo; STIERLE, Karlheinz (orgs.). *Identität*. Munquie: DTV, 1979. (= *Poetik und Hermeneutik*, v.VIII, p.277-92.)

LUCIANO (Lukian). *Wie man Geschichte schreiben soll*. Org. e coment. H. Homeyer. Munique: Wilhelm Fink, 1965.

MANN, Thomas. "Deutsche Hörer!" Funfundfünfzig Radioendungen nach Deutschland, 27 set. 1942. In: *Gesammelte Werke*. v.11: Reden und Aufsätze 3. Frankfurt am Main: S. Fischer, 1975.

NESTROY, Johann. *Lektüren für Minuten*: Gedanken aus seinem Büchern. Org. e introd. Egon Friedell. Frankfurt am Main: Insel, 2001.

NORA, Pierre (org.). *Les Lieux de mémoire*. 7v. Paris: Gallimard, 1984-1992.

OLSEN, Niklas. *History in the Plural*: An Introduction to the Work of Reinhart Koselleck. Nova York; Oxford: Berghahn, 2012.

PLIEVIER, Theodor. *Stalingrad*. Berlim: Aufbau, 1946.

POPPER, Karl. *Das Elend des Historismus*. Tübingen: J. C. B. Mohr, 1965.

RICŒUR, Paul. *Das Rätsel der Vergangenheit*: Erinnern – Vergessen – Verzeihen. Göttingen: Wallstein-Verlag, 1998.

ROSENNE, Shabtai (org.). *6.000.000 Acusers*: Israel's Case Against Eichmann. The Opening Speech and Legal Argument of Mr. Gideon Hausner, Attorney-General. Jerusalém: Jerusalem Post, 1961. p.27-175.

SAUSSURE, Ferdinand de. *Linguistik und Semiologie*: Notizen aus dem Nachlass. Texte, Briefe und Dokumente. Reun., trad. e introd. Johannes Fehr. Frankfurt am Main: Suhrkamp, 1997.

SCHILLER, Friedrich. Resignation (1876). In: *Werke (Nationalausgabe)*. v.1: Gedichte 1776-1790. Weimar: Hermann Böhlaus Nachfolger, 1943.

SEBAG, Lucien. *Marxismus und Strukturalismus*. Trad. do francês Hans Naumann. Frankfurt am Main: Suhrkamp, 1967.

SEBASTIÁN, Javiér Fernández; FUENTES, Juan Francisco. Conceptual History, Memory, and Identity: An Interview with Reinhart Koselleck. *Contributions to the History of Concepts*, v.2, n.1, p.99-127, mar. 2006.

TAUBES, Jacob. Geschichtsphilosophie und Historik. Bemerkungen zu Kosellecks Programm einer neuen Historik. In: KOSELLECK, Reinhart; STEMPEL, Wolf-Dieter (orgs.). *Geschichte – Ereignis und Erzählung*. Munique: Fink, 1973. (= *Poetik und Hermeneutik V*, p.490-99.)

TOPITSCH, Ernst. *Stalins Kriegs*: Moskaus Griff nach der Weltherrschaft. Herford: Olzog, 1985.

TREITSCHKE, Heinrich von. Noch einige Bemerkungen zur Judenfrage. In: BOEHLICH, Walter (org.). *Der Berliner Antisemitismusstreit*.
Frankfurt am Main: Insel, 1965.

WHITE, Hayden. *Auch Klio dichtet oder die Fiktion des Faktischen*. Stuttgart:
Klett-Cotta, 1986. (= *Sprache und Geschichte*, v.10, 1982.)

_____. *Tropics of Discourse*: Essays in Cultural Criticism. Baltimore;
Londres: Johns Hopkins University Press, 1982.

_____. *Metahistory*: The Historical Imagination in Nineteenth-Cen-
tury Europe. Baltimore; Londres: Johns Hopkins University Press,
1973. [Ed. bras.: *Meta-história*. 2.ed. São Paulo: Edusp, 2019.]

WOLF, Heinrich. *Angewandte Rassenkunde*: Weltgeschichte auf biologischer Grundlage. Leipzig: Weicher, 1927.

_____. *Angewandte Geschichte*: Eine Erziehung zum politischen Denken
und Wollen. 7.ed. Leipzig: Weicher, 1913. (10.ed. 1920.)

SOBRE O LIVRO

Formato: 14 x 21 cm
Mancha: 23 x 44 paicas
Tipologia: Venetian 301 12,5/16
Papel: Off-white 80 g/m² (miolo)
Cartão Supremo 250 g/m² (capa)

1ª *edição Editora Unesp*: 2021

EQUIPE DE REALIZAÇÃO

Edição de texto
Tulio Kawata (Copidesque)
Maísa Kawata (Revisão)

Capa
Marcelo Girard

Editoração eletrônica
Eduardo Seiji Seki

Assistência editorial
Alberto Bononi
Gabriel Joppert